Kathleen Brandhofer-Bryan

Lernen mit allen Sinnen

72 sinn-volle Lernspiele

In Zusammenarbeit
mit Helga Pfetsch

Bibliografische Information der Deutschen Nationalbibliothek

Die Deutsche Nationalbibliothek verzeichnet diese Publikation in der
Deutschen Nationalbibliografie; detaillierte bibliografische
Informationen sind im Internet unter http://dnb.d-nb.de abrufbar.

Lizenzausgabe für Jokers des unter der ISBN 978-3-89749-858-7
erschienenen Originaltitels

Lektorat: Christiane Martin, Köln
Umschlaggestaltung: Martin Zech Design, Bremen I www.martinzech.de
Umschlagfotos (v. l. n. r.): Benjamin Dudoit, Kahanaboy, Mary R. Vogt,
Stuart Whitmore, Paul Anderson (morguefile)
Illustrationen: Peter Lohse, Büttelborn
Satz und Layout: Lohse Design, Büttelborn I www.lohse-design.de
Druck und Bindung: Colorland Druck, Staßfurt

www.gabal-verlag.de

Kathleen Brandhofer-Bryan

Lernen mit allen Sinnen

Inhaltsverzeichnis

Sinn-voll spielen

Die Spiele in diesem Buch sind zur Aktivierung von Lernstoff gedacht und lassen sich direkt nach der Präsentations- oder Erarbeitungsphase einsetzen. Am besten beginnen Sie mit einigen Spielen aus dem Kapitel „Mit dem Stoff Bekanntschaft schließen", vertiefen dann mit einigen Spielen aus dem Kapitel „Freier mit dem Stoff umgehen" und schließen die Aktivierung mit einem oder mehreren Spielen aus dem Kapitel „Zusammenholen und Integrieren" ab. Einige Beispiele für die Zusammenstellung eines passenden Ablaufs finden Sie im Anhang auf S. 162.

Die Themenbereiche, in denen Sie diese Spiele einsetzen können, sind etwa die folgenden: Fahrschule (Verkehrsregeln, Verkehrszeichen, Teile eines Autos), Segelschule, Medizin (Anatomie, Physiologie, Krankheiten), Versicherungswesen (Termini, Versicherungsarten), Sprachen (Vokabeln, Redewendungen, Grammatikregeln), Geschichte, Kunstgeschichte, Musikgeschichte (Daten, Fakten, Persönlichkeiten), Geografie, Chemie, Biologie, Elektrotechnik, Bautechnik, Naturwissenschaften, Mathematik, EDV-Training und so weiter.

Der sprachlichen Einfachheit halber haben wir in diesem Buch die Lehrpersonen in der Einzahl als „der Spielleiter" bezeichnet und auch sonst im Plural männliche Formen verwendet, obwohl es sich in der Realität natürlich manchmal um weibliche, manchmal um männliche und manchmal um weibliche und männliche Beteiligte handeln wird.

Danksagung

Mein Dank gilt …

Helga Pfetsch
… für ihr Schreibtalent, das dieses Buch möglich gemacht hat. Ihre Begeisterung und ihre herrlich positive Art haben mich dazu ermutigt, es anzupacken.

Pearl Nitsche,
… die mich über all die Jahre mit ihrer grenzenlosen Fantasie inspiriert und unterstützt hat.

Michael Grinder
… für seine Erkenntnisse über die Lernmodalitäten, auf deren Basis diese Spiele und Aktivitäten entwickelt wurden.

Georgi Lozanov
… für seinen bahnbrechenden Beitrag zu dem, was Lernen ermöglicht und Lehren erfolgreich macht, für seine Entdeckung der Bedeutung von Suggestionen im Lernprozess und seine geniale Verwendung von Musik.

Allen Trainerinnen und Trainern,
… die mich mit ihren Spielen und Aktivierungen in Trainings oder Büchern angeregt und bereichert haben und deren Ideen so in mein eigenes Tun eingeflossen sind, dass Urheberschaften nicht mehr nachvollziehbar wären.

„Sage mir etwas,
und ich werde es vergessen.
Zeige mir etwas,
und ich erinnere mich daran.
Beteilige mich an etwas,
und ich werde verstehen."

Die Voraussetzungen für erfolgreiches Lernen

Grundlage der Spiele in diesem Buch ist die Erkenntnis, dass Lernen und Behalten am besten funktionieren, wenn möglichst viele Sinne – Sehen, Hören, Fühlen, Spüren, Schmecken und Riechen – angesprochen werden, wenn der Lernstoff in einen positiven Gefühlskontext eingebettet und mit Humor, Überraschungen oder Absurdem verknüpft wird, wenn er von Bedeutung für den Lernenden ist und wenn er auf vielfältige Art und Weise wiederholt wird. Deutlichen Einfluss auf die Effektivität des Lernens hat es auch, wenn wir beachten, dass Menschen unterschiedlich lernen und wir die individuellen Lernstile „bedienen", das heißt, wenn wir den überwiegend visuell Lernenden viel fürs Auge bieten (Bilder, Farben, Formen), den Auditiven viel fürs Ohr (gesprochene Sprache, Laute, Geräusche, Gesang, Musik) und den Kinästheten viel für Hände, Füße, Nase, Mund und Herz (Bewegen und Tun, Ausprobieren, Anfassen, Durchwandern, Gestalten, Düfte, Kostproben, Gefühle).

Außerdem soll ein vielfaches Aktivieren und Wiederholen möglichst abwechslungsreich sein! Stellen Sie sich vor, Sie würden Mahlzeit für Mahlzeit Ihre Lieblingsspeise essen oder sich von früh bis spät Ihrer Lieblingsbeschäftigung widmen. Egal, wie wunderbar eine Übung ist: Wenn wir sie zu oft durchführen, führt das zu Frust und Langeweile. Wiederholungen, die zu „offensichtlich" sind, geben den Lernenden das Gefühl, dass sie zu dumm sind, die Sache zu verstehen. So werden Lernbarrieren aufgebaut.

Eine positive Grundeinstellung:
Du kriegst das hin!
Du schaffst das!
Ich trau dir das zu!

Aus der Stressforschung wissen wir, dass der Mensch in Momenten des Drucks oder der Gefahr nur zwischen Flucht oder Angriff wählen kann. Ein

Grundgefühl der Sicherheit und das Wissen, nicht bedroht zu sein, sind eine Voraussetzung dafür, dass das Großhirn arbeiten und lernen kann. Förderlich für dieses Grundgefühl ist es, wenn in unserer Lernumgebung die Einstellung existiert, dass Fehler willkommen sind, da sie in jedem Lernprozess als Feedback dazugehören und wir mit ihrer Hilfe lernen.

Dazu gehört auch die positive Grundeinstellung des Lehrenden: Die eigene Begeisterung für das Thema und eine positive Einstellung zu den Lernenden und zu sich selbst schaffen ein wachstumsförderndes Lernklima. Mit der Haltung „Du kriegst das hin! Ich trau dir das zu!" motivieren wir die Lernenden dazu, ihr Bestes zu geben. Bei den Spielen in diesem Buch ist genau das die beste Haltung für den Spielleiter: Loben Sie, was gut gelingt, und machen Sie Vorschläge, was noch zu verbessern ist!

Die Spiele sind so angelegt, dass die Spielenden die Elemente des Lernstoffs leicht und möglichst häufig verwenden und diesen dadurch festigen. Sicherheit entsteht durch mehrmaliges Hören und Sagen in einem entspannten Kontext (Ablesen vom Kärtchen, von der Tafel oder Pinnwand) und möglichst mehrfaches Sagen beim Raten. Zu frühes „Abfragen" schafft Unsicherheit und Lernbarrieren!

Schauen Sie, was es zu loben gibt!

Als Lehrer, Dozent oder Trainer können wir die positive Grundhaltung auch dadurch verbreiten, dass wir selbst eine positive Sprache benutzen, die auf einer positiven Sichtweise beruht. Darüber hinaus können wir alle in der Gruppe dazu anregen, dasselbe zu tun. Wir sehen dann „Herausforderungen", statt uns von „Schwierigkeiten" niederdrücken zu lassen. Wir erkennen „Verbesserungsmöglichkeiten", statt uns unserer „Schwächen" zu schämen.

Positive Grundeinstellung
Positive Körpersprache
Positive Sprache

Aus diesen Gründen ermutigen wir die Spielenden dazu, bei den Ratespielen frisch draufloszuraten, ohne den Zensor („Ist sicher falsch!") im Kopf. Und wenn die Antwort nicht stimmt, kommentieren die Aufgabensteller das zum Beispiel mit „Könnte sein, aber ich habe an etwas anderes gedacht", statt mit einem knallenden „Nein, falsch!".

> **„Ein entspanntes, gut gelauntes Gehirn ist aufnahmebereiter, kreativer und merkfähiger."**
>
> MANFRED SPITZER

Mit dieser ermutigenden positiven Haltung geht die positive Körpersprache einher: Ein aufmerksamer, freundlicher Tonfall, ein Kopfnicken, ein erfreutes oder ermutigendes Lächeln und geöffnete Hände schaffen eine ganz andere Atmosphäre als der erhobene Zeigefinger.

Ermutigen Sie die Lernenden beim Raten auch dazu, kreativ und „wild" zu denken. Es gibt keine falschen Assoziationen. Verknüpfungen mit verrückten Assoziationen verbessern das Lernen. Kreativität ist uns als hohe Kunst beim Problemlösen bekannt – entdecken wir sie fürs Lernen!

> **„Fantasie ist wichtiger als Wissen."**
>
> ALBERT EINSTEIN

All diese Aspekte führen zu einer entspannten effektiven Lernatmosphäre. Sie tragen dazu bei, dass Lernblockaden abgebaut werden, dass „Eu-Stress" statt „Dis-Stress" vorherrscht, dass Endorphine statt Cortisol ausgeschüttet werden und dass das Langzeitgedächtnis geprägt wird.

> **„In einer Präsentation wirken Körpersprache zu 55 Prozent, Stimmlage zu 33 Prozent und Inhalt zu 7 Prozent."**
>
> ALBERT MEHRABIAN

Um diese Spiele erfolgreich anzuwenden, ist es wichtig, den Ablauf zu rhythmisieren, das heißt zwischen Phasen mit hoher Aktivität ruhigere Phasen einzubauen, ähnlich wie in einer Sinfonie, wo sich ebenfalls schnelle mit langsamen Sätzen abwechseln. Sie finden deshalb bei allen Spielen einen Hinweis darauf, ob das Energielevel niedrig (+), mittel (++) oder hoch (+++) ist. Nach zwei oder drei Spielen empfiehlt es sich, eine Pause einzulegen, in der jeder Spieler einen Augenblick Zeit für sich allein hat, um das Erlebte und Gelernte zu reflektieren. Dieser Augenblick des Verarbeitens und Integrierens ist wichtig für die Speicherung im Langzeitgedächtnis und gibt Halt und Sicherheit. Leise Musik im Hintergrund kann die Atmosphäre setzen und diese Phase begleiten. Ich empfehle Sinfonien oder andere Instrumentalmusik der Klassik, zum Beispiel Mozart oder Haydn. Einige Beispiele für gut rhythmisierte Spielabfolgen finden Sie im Anhang auf S. 162.

Die hohe Energie, die bei einigen dieser Spiele besonders in einer größeren, lebhaften Gruppe entsteht, erfordert vom Spielleiter Führungserfahrung und Sicherheit. Wie Sie im Schulbereich solche Kompetenzen erwerben oder erweitern können, beschreibt Pearl Nitsche in ihrem Buch „Nonverbales Klassenzimmermanagement". Für Trainer in der Erwachsenenbildung empfehle ich Michael Grinders Buch „Pentimento – Grundsteine der Nonverbalen Kommunikation" (siehe Buchempfehlungen auf S. 180).

Wenn Sie eine Zeit lang mit diesen Spielen gearbeitet haben, werden Sie merken, wie leicht es Ihnen fällt, weitere eigene Spiele und Aktivitäten zu entwickeln. Aus dem reichen Schatz der Spiele, die Sie kennen, suchen Sie sich eines heraus und verbinden Ihren Lernstoff damit – das ist schon das ganze Geheimnis! Viel Erfolg und Spaß!

Über Ihre Kommentare zu diesem Buch oder Vorschläge und neue Ideen freue ich mich. Meine E-Mail Adresse ist: aoctraining@aol.com, und wenn Sie mehr über meine Arbeit erfahren möchten, lade ich Sie ein, meine Webseite zu besuchen (www.aoc-training.de).

Kathleen Brandhofer-Bryan

Mit dem Stoff
Bekanntschaft schließen

Diese Spiele eignen sich besonders dazu, neue Wörter,
Begriffe, Fakten, Formeln, Sätze und Daten wiederzuerkennen.
Es bietet sich an, diese möglichst oft laut zu sagen,
zu hören und mit Bewegungen zu verbinden, um sie über
alle Sinneskanäle zu verankern.

Schwirrende Sätze

Wer den Ball hat, liest im Schutz des Stimmengewirrs laut einen Satz aus dem Text vor.

Vorschlag zur Anmoderation

„Ich möchte Sie zu einer etwas ungewöhnlichen und sehr wirkungsvollen Übung einladen. Wirkungsvoll, weil sie Ihnen die Gelegenheit gibt, Sätze, die Ihnen wichtig sind, mehrmals laut zu lesen. Je öfter wir neuen Stoff wiederholen, desto schneller prägt er sich unserem Gedächtnis ein. Ungewöhnlich ist diese Übung, weil sie zum Schluss fast ein bisschen klingt wie – hm – ein gemeinsames Gebet. Das Ziel ist, dass wir uns mit dem Neuen vertraut machen und dass es uns Spaß macht. Sind Sie neugierig geworden?"

Und so geht es

Alle sitzen im Kreis. Jeder Mitspieler hat einen Arbeitstext von vier bis fünf Seiten, in dem er sich auf jeder Seite fünf bis sechs für ihn wichtige Sätze oder Begriffe unterstrichen hat. Der Spielleiter gibt dem ersten Spieler einen Gegenstand, zum Beispiel einen Ball, und sagt zu ihm: „Bitteschön, lesen Sie einen Satz von Seite 1." Der Spieler liest einen seiner unterstrichenen Sätze laut vor und reicht dann den Ball zum nächsten Spieler im Kreis weiter, der einen seiner Sätze vorliest. Kurz danach gibt der Spielleiter einen zweiten Ball ins Spiel. Wieder liest der Spieler, der den Ball bekommt, einen Satz und reicht dann den Ball weiter.

Wenn der Spielleiter den Eindruck hat, dass alle Sätze der ersten Seite ausreichend oft gelesen wurden, ruft er die nächste Seitenzahl in die Runde, und alle lesen die unterstrichenen Sätze auf der nächsten Seite und so weiter.

Indem immer mehr Bälle ins Spiel kommen, lesen also immer mehr Mitspieler gleichzeitig ihre Sätze, sodass nach und nach immer mehr Sätze durcheinanderschwirren. Als kleinen Überraschungsgag kann der Spielleiter nach etwa sieben Bällen einen anderen Gegenstand ins Spiel geben, etwa einen Quietschball oder eine riesige Blume. Oder er kann plötzlich einen Gegenstand in die andere Richtung schicken.

Wenn von allen Textseiten genügend Sätze gelesen worden sind, sammelt der Spielleiter, um das Spiel zu beenden, alle bei ihm ankommenden Gegenstände wieder ein.

Tipp
Ermutigen Sie die Mitspieler, ihren Satz laut zu lesen und auch weiterzulesen, wenn sie „ihren" Satz von jemand anderem hören! Wiederholungen sind willkommen!

Gruppengröße:	ca. 5–20 Personen
Material:	etwa so viele Bälle oder Tücher wie Mitspieler plus ein oder zwei Überraschungsobjekte (Quietschball, Plastikblume oder Ähnliches)
Dauer:	15–20 Minuten
Energielevel:	++

Auf den Rücken schreiben

Neue Wörter, Begriffe oder Fakten werden auf den Rücken eines Partners geschrieben und erraten.

Vorschlag zur Anmoderation
„Wir können Informationen auf unterschiedliche Weise aufnehmen. Normalerweise hören oder lesen wir sie. Heute lade ich Sie dazu ein, mit einer ganz neuen Art Bekanntschaft zu machen, nämlich damit, die Information zu erspüren. Sie werden feststellen, dass Lernen durch Erspüren ein wirkungsvoller Weg ist, etwas im Gedächtnis zu verankern."

Und so geht es
Die neuen Inhalte stehen für alle sichtbar an der Tafel, Pinnwand oder auf einem großen Bogen Papier. Wenn Sie eine Serie von Spielen geplant haben, bei denen die Informationen „bewegt" werden, wie zum Beispiel in „Was ist anders?", schreiben Sie diese Wörter, Begriffe und so weiter auf Kärtchen und heften Sie diese an die Tafel oder Pinnwand. Jeweils zwei Teilnehmer stellen

sich so hin, dass beide die Wörter sehen können. Einer schreibt nun ein Wort auf den Rücken des Spielpartners. Jeder Buchstabe soll vom Partner erraten werden, und dann, sobald wie möglich, das ganze Wort. Die beiden sprechen dann über die Bedeutung dieses Begriffs. Der Originaltext ist dabei zum Nachschauen in Sicht- oder Reichweite.

Dann ist der andere Partner dran. Jeder schreibt fünf bis zehn Wörter. Schlagen Sie vor, entweder mit dem Finger oder mit der Rückseite eines Stifts auf den Rücken des Partners zu schreiben.

Tipp
Dieses Spiel kann auch im Sitzen und auch in einer Reihe von drei oder mehr Personen hintereinander gespielt werden. Dann schreibt jeder den Buchstaben, den er auf seinem Rücken erkannt hat, auf den Rücken vor ihm. Erst der Vorderste sagt den Buchstaben laut.

Gruppengröße:	keine Beschränkung nach oben, mindestens aber 2 Personen
Material:	neuer Lernstoff (eventuell auf Karten) an Tafel, Pinnwand oder Wand
Dauer:	ca. 10 Minuten
Energielevel:	+++

In die Luft schreiben

Neue Begriffe, Wörter oder Fakten werden mit beiden Händen
in die Luft geschrieben und erraten.

Vorschlag zur Anmoderation
*„Wenn wir jemandem schreiben, tun wir das normalerweise mit einem Bleistift
oder Kuli oder auf einer Computertastatur. Heute möchte ich Sie zu einer
ungewöhnlichen Erfahrung einladen, und zwar dazu, in die Luft zu schreiben!"*

Und so geht es
Die neuen Wörter, Begriffe, Formeln oder Fakten stehen für alle sichtbar an
der Tafel oder Pinnwand. Wenn Sie eine Serie von Spielen geplant haben,
bei denen die Informationen „bewegt" werden, wie zum Beispiel in „Was
ist anders?", schreiben Sie diese Wörter, Begriffe und so weiter auf Kärtchen
und heften diese an die Tafel oder Pinnwand. Jeweils zwei, drei oder vier

Spielende stehen einander gegenüber oder in einem kleinen Halbkreis, sodass alle die Tafel oder Pinnwand sehen können. Abwechselnd schreiben sie je ein Wort oder einen Begriff in Druckbuchstaben in die Luft, und zwar mit beiden Händen: Die rechte Hand schreibt nach rechts, die linke Hand schreibt die Buchstaben gleichzeitig in Spiegelschrift nach links! Die Partner erraten jeden Buchstaben einzeln und – so rasch wie möglich – das ganze Wort. Nach drei oder vier „Luftwörtern" werden die Rollen getauscht.

Tipp
Dieses Spiel kann auch im Sitzen gespielt werden!

Gruppengröße:	beliebig groß, mindestens aber 2 Personen
Material:	neuer Lernstoff (eventuell auf Kärtchen) an Tafel, Pinnwand oder Wand
Dauer:	10–15 Minuten
Energielevel:	+++

Von den Lippen lesen

Lautlos artikulierte Wörter oder Sätze sollen erraten werden.

Vorschlag zur Anmoderation

„Die meisten von uns kennen das: Wir versuchen, jemandem etwas mitzuteilen, der auf der anderen Seite einer viel befahrenen Straße steht. Oder auf dem Flughafen: Ein Freund, der gerade ankommt, winkt Ihnen und möchte Ihnen durch die dicke Glasscheibe etwas sagen. Dabei bewegt er die Lippen übertrieben deutlich, damit Sie ihn verstehen. Übertreibung ist eine weitere Möglichkeit, dem Gedächtnis etwas einzuprägen. Probieren wir diese Möglichkeit doch einmal aus und schauen, welche Wirkung diese witzige Übung hat.“

Und so geht es

Paare oder Kleingruppen setzen oder stellen sich so, dass alle die neuen Begriffe, Fakten, Sätze und so weiter an der Tafel oder Pinnwand sehen können. Ein Mitspieler wählt einen der Begriffe oder Sätze aus, zum Beispiel

– nehmen wir an, wir sind in der Segelschule – „Achterliek", und artikuliert ihn lautlos, aber mit sehr deutlichen Mundbewegungen. Die anderen raten, welchen Begriff er artikuliert hat.

Variation

Dieses Spiel lässt sich auch als Wettspiel in Paaren oder Kleingruppen spielen. Das Ziel ist es, bis der Gong ertönt, möglichst viele Begriffe zu erraten.

Gruppengröße:	beliebig groß, wenn alle den Lernstoff an der Tafel oder Pinnwand lesen können, mindestens aber 2 Personen
Material:	neuer Lernstoff an Tafel oder Pinnwand
Dauer:	ca. 15 Minuten
Energielevel:	++

Spiel mir ein Wort

Neue Wörter, Begriffe, Sätze, Formeln oder Daten werden mimisch oder pantomimisch dargestellt und erraten.

Vorschlag zur Anmoderation

„Als ich klein war, haben wir zu Hause Stunden damit zugebracht, Scharaden zu spielen. Und dabei war das Vergnügen umso größer, je mehr die Spieler Bewegungen und Mimik übertrieben haben. Und es wurde dadurch auch einfacher, den gespielten Begriff zu erraten. Um Scharaden gut zu spielen, brauchen wir ein wenig Übung darin, einen Begriff in Bewegung umzusetzen. Wir haben jetzt beispielsweise all diese neuen Begriffe hier vorn. Und diese Bewegung stellt eines dieser Wörter dar. Welches könnte es sein?"

Hier ist es wichtig, dass der Spielleiter sowohl einfache Begriffe demonstriert als auch einige, die zunächst eine ziemliche Herausforderung darstellen. Eine Ermutigung, der Vorstellungskraft keine Grenzen zu setzen, hilft den Teilnehmern. Je mehr der Spielleiter selbst übertreibt, desto leichter fällt es den Teilnehmern einzusteigen.

Und so geht es

Etwa 20 neue Wörter, Begriffe, Fakten oder Sätze sind für alle sichtbar an die Tafel geschrieben. Wenn Sie eine Serie von Spielen hintereinander geplant haben, bei denen die Informationen „bewegt" werden, wie zum Beispiel in „Was ist anders?", schreiben Sie oder die Teilnehmer die Wörter auf Kärtchen und heften Sie diese an die Tafel oder Pinnwand. Die Teilnehmer spielen zu zweit zusammen: Abwechselnd sucht sich jeder eine Karte aus, ohne sie zu nennen, und spielt dem Partner den Inhalt vor. Das kann mit dem ganzen Körper und mit übertriebenen Bewegungen geschehen oder auch nur mit kleinen Handbewegungen – je nach Lust und Temperament des einzelnen Spielers. Der Partner muss raten, um welchen Begriff es sich handelt.

Erinnern Sie die Spielenden an die positive Kommunikation, das heißt daran, dass eine „falsche" Antwort beispielsweise mit dem Satz kommentiert werden kann: „Das könnte es sein, aber ich meine ein anderes Wort." Lassen Sie die Paare etwa 10 bis 15 Minuten spielen und geben dann ein Abschluss-Signal.

Tipp
Dieses Spiel kann auch in Kleingruppen zu dritt oder viert gespielt werden.

Variation
Zwei Teilnehmer verlassen kurz den Raum oder schließen einfach die Augen. Die Gruppe wählt währenddessen drei Wörter von der Tafel aus. Das Rateteam kommt wieder herein oder öffnet die Augen und sagt beispielsweise: „Bitte Nummer eins." Alle Gruppenmitglieder stellen gleichzeitig das Wort pantomimisch dar, bis es geraten wird. Dann ist das zweite Wort dran und so weiter. Mehrmals spielen!

Gruppengröße:	beliebig groß, wenn alle den Lernstoff an der Tafel oder Pinnwand lesen können, mindestens aber 2 Personen
Material:	neuer Lernstoff (eventuell auf Kärtchen) an Tafel, Pinnwand, Flipchart oder Wand
Dauer:	10–15 Minuten
Energielevel:	+++

Doppelpantomime

Zwei Begriffe werden gleichzeitig pantomimisch dargestellt
und erraten.

> „Ich suche
> nach einer Methode,
> bei der Lehrer
> weniger lehren und Schüler
> mehr lernen. "

> JOHANN AMOS COMENIUS

Vorschlag zur Anmoderation

„Beim Lernen von Begriffen ist es wie beim Schwimmen-, Fahrradfahren- oder Autofahrenlernen: Wenn wir die Dinge wirklich tun, werden sie ein Teil von uns und verankern sich im Langzeitgedächtnis. Und deshalb sind die Darstellungsspiele so wirksam fürs Lernen. Wir sind jetzt ja schon Experten darin, Wörter zu spielen, und können einen Schritt weitergehen. In dieser Übung für Fortgeschrittene ist unsere Geschicklichkeit gefragt, und ich glaube, es wird allerlei Gelächter geben. "

Und so geht es

Etwa 20 neue Wörter, Begriffe, Fakten oder Sätze sind für alle sichtbar an die Tafel geschrieben. Wenn Sie eine Serie von Spielen hintereinander geplant haben, bei denen die Informationen „bewegt" werden, wie zum Beispiel in „Was ist anders?", schreiben Sie oder die Teilnehmer die Wörter auf Kärtchen und heften Sie diese an die Tafel oder Pinnwand. Der erste Spieler sucht sich zwei

Wörter aus, beispielsweise – nehmen wir an, wir sind im theoretischen Unterricht der Fahrschule – „Getriebe" und „Karosserie". Nun stellt er *gleichzeitig* mit dem einen Arm das Getriebe, mit dem anderen die Karosserie dar, und der Partner errät, welche Wörter er meint. Dann wechseln die beiden die Rollen. Lassen Sie das Spiel 10 bis 15 Minuten spielen und geben dann ein Abschluss-Signal.

Diese Idee stammt von Pearl Nitsche.

Tipp
Dieses Spiel kann auch im Sitzen gespielt werden.

Variation
Dreifachpantomime: Die Darsteller stellen – mit Armen und Beinen – drei Begriffe gleichzeitig dar. Oder es gibt einen kleinen Wettbewerb, wer am meisten Begriffe gleichzeitig darstellen kann.

Gruppengröße:	beliebig groß, wenn alle die neuen Wörter und Begriffe lesen können
Material:	neuer Lernstoff (eventuell auf Kärtchen) an der Tafel, Wand oder Pinnwand
Dauer:	10–15 Minuten
Energielevel:	+++

Pantomimenkette

Neue Wörter, Begriffe, Sätze, Formeln und so weiter werden mit einer Geste oder mimischen Darstellung verknüpft und wiederholt.

„Wer spielt, der denkt,
und wer denkt,
kommt erfolgreicher durchs Leben."

„MANFRED"

Vorschlag zur Anmoderation

„Heute gibt es etwas für unsere kleinen grauen Zellen zu tun. Wir kennen alle das Spiel ,Kofferpacken'. In unserer Version gibt es eine kleine Merkhilfe. Das Spiel geht so: …"

Und so geht es

Alle sitzen im Kreis. Der neue Lernstoff ist an der Tafel, Wand oder Pinnwand für alle sichtbar. Der Spielleiter beginnt, indem er sich einen Begriff, Namen oder Satz aussucht (zum Beispiel „Napoleon 1769–1821") und dazu eine Geste macht (zum Beispiel Hand unters Revers). Der nächste Spieler wiederholt Begriff und Geste und fügt einen neuen Begriff mit Geste hinzu und so weiter, bis jeder in der Runde dran war.

Tipp

Ermutigen Sie die Mitspieler, denjenigen, der „dran" ist, durch die Gesten oder auch durch Einflüstern zu unterstützen, damit die Begriffskette fließt.

Gruppengröße:	ca. 10 Personen, bei großen Gruppen zwei oder mehr Kreise bilden
Dauer:	ca. 15 Minuten
Energielevel:	+++

Was ist anders?

Kärtchen mit Inhalten des neuen Lernstoffs sollen wiedererkannt werden, nachdem sie umgehängt wurden.

Vorschlag zur Anmoderation
„Nehmen wir uns etwas Zeit, den neuen Lernstoff genauer zu betrachten. Und zwar sind jetzt detektivische Fähigkeiten gefragt!"

Und so geht es
Die neuen Inhalte sind auf Kärtchen geschrieben und an die Tafel oder die Pinnwand geheftet. Das Spiel eignet sich gut direkt nach zum Beispiel „Auf den Rücken schreiben" oder „In die Luft schreiben", da die Spielenden das Gesamttafelbild nun schon kennen.

Der Spielleiter bittet alle Mitspieler die Augen zu schließen oder wegzusehen und vertauscht dann zwei (oder drei) Karten. Die Spielenden öffnen die Augen wieder und raten, welche Karten den Platz gewechselt haben.

Nachdem Sie mehrmals Karten umgehängt und die Mitspieler erraten haben, was sich verändert hatte, ändern Sie beim nächsten Mal nichts. Wer findet das heraus?

Tipp
Man kann statt die Karten zu tauschen auch einzelne Karten ganz wegnehmen. Zur Abwechslung können auch einzelne Mitspieler der Spielleiter sein.

Gruppengröße:	ab einer Person, beliebig groß, wenn alle die Kärtchen lesen können
Material:	neuer Lernstoff auf Kärtchen
Dauer:	10–15 Minuten
Energielevel:	+

Siebener-Pantomime

Eine Folge von sieben Pantomimen soll erraten und das Rateergebnis gegengecheckt werden.

Vorschlag zur Anmoderation

„Vor etwa 35 Jahren wurde die Körpersprache als wichtiger Teil der Kommunikation entdeckt, und die meisten Redner wissen heute, dass der körpersprachliche Anteil an dem, was sie sagen, eine noch größere Wirkung hat als ihre Worte selbst. Während wir uns in der nächsten Übung mit unserem neuen Lernstoff beschäftigen, werden wir gleichzeitig Erfahrungen dazu machen, wie andere unsere Körpersprache interpretieren."

Und so geht es

Sieben Mitspieler dürfen sich melden und sollen der Reihe nach je einen Begriff aus der Sammlung an der Tafel oder der Pinnwand pantomimisch darstellen. Die Reihenfolge wird mit kleinen Nummernschildchen ausgelost, das die Darsteller sich dann anheften.

Der Gruppenleiter bittet die anderen Teilnehmer, auf einem Blatt Papier sieben Zeilen mit den Ziffern von 1 bis 7 zu nummerieren. Während die sieben Pantomimen nacheinander ablaufen, schreiben alle Mitspieler auf, was sie glauben, was in jeder der Pantomimen dargestellt wird. Im Anschluss geht jeder der Ratenden zu jedem der Darstellenden und fragt ihn: „Warst du …?", um herauszufinden, ob er richtig geraten hat.

Tipp

Bei wenig Zeit und Raum kann auch durch Zuruf geklärt werden, welchen Begriff jeder der Darstellenden gemeint hat.

Variation

Anstelle von verschiedenen Begriffen kann die Pantomimengruppe auch hintereinander die einzelnen Schritte eines Ablaufs darstellen, zum Beispiel „Wie wandelt man ein Word-Dokument von Hochformat in Querformat um?" im EDV-Training oder „Wie wechsele ich einen Reifen?" in der Fahrschule.

Gruppengröße:	7 – 21 Personen
Material:	neuer Lernstoff sichtbar an Tafel oder Pinnwand
Dauer:	ca. 15 Minuten
Energielevel:	+ bis ++

Vernetzen im Kreis

Im Kreis werden neue Begriffe, Fakten, Wörter aufgerufen und wiederholt.

Vorschlag zur Anmoderation

„Es gibt viele Möglichkeiten, das Reaktionsvermögen zu testen, zum Beispiel mit einem Nintendo oder anderen Computerspielen. Ich möchte Ihnen jetzt ein Spiel vorstellen, das dem gleichen Zweck dient, allerdings ein bisschen einfacher ist und weniger Hightech. Ganz nebenbei haben Sie dabei auch die Gelegenheit, noch vertrauter mit dem neuen Stoff zu werden.“

Und so geht es

Durch Zuruf sagt jeder, welchen Begriff er gerne lernen möchte – jeder Spieler einen anderen –, und schreibt ihn groß auf eine Karte. Alle halten ihre Karte so vor sich hin, dass die anderen im Kreis das Wort sehen können. Das geht entweder im Stehen oder im Sitzen. Der Spielleiter beginnt, indem er auf eine der Karten im Kreis schaut und laut vorliest, was darauf steht, zum Beispiel – nehmen wir an, wir sind in der Segelschule – „Achterliek". Der Angesprochene sucht sich rasch eine andere Karte im Kreis, zum Beispiel „Vorschot", die er dann laut vorliest und so weiter.

Wenn jede Karte ein oder mehrere Male laut gelesen wurde, wobei sich das Tempo steigern sollte, gibt jeder im Kreis auf ein Signal des Spielleiters seine Karte an den rechten Nachbarn, sodass jetzt alle Mitspieler neue Karten haben, und das Spiel geht weiter. Nach einer Weile können die Karten nochmals weitergereicht werden, diesmal an den übernächsten Nachbarn.

Das Spiel lebt von der Reaktionsgeschwindigkeit und den Überraschungseffekten, wenn zum Beispiel ein Spieler schnell hintereinander immer wieder aufgerufen wird.

Tipp

Ermutigen Sie die Mitspieler, das Tempo zu steigern!

Gruppengröße:	ca. 5–12 Personen pro Kreis
Material:	neuer Lernstoff auf Kärtchen
Dauer:	ca. 10 Minuten
Energielevel:	++

Namenskette

Neue Wörter, Begriffe, Sätze, Formeln und so weiter werden mit einer Handbewegung verknüpft und wiederholt.

Vorschlag zur Anmoderation

„Wer von Ihnen würde gern sein Namensgedächtnis verbessern? Sie lernen jetzt gleich eine Technik, die geradezu Wunder wirkt, wenn es um die Fähigkeit des Gehirns geht, sich Namen zu merken."

Und so geht es

Alle haben ein Kärtchen mit einem neuen Begriff, Wort oder Satz versehen und tragen es wie ein Namensschildchen angeheftet. Jeder im Kreis sagt der Reihe nach seinen neuen „Namen", zum Beispiel die erste Spielerin: „Ich heiße Kongo." Dazu macht sie eine Handbewegung, die sie mit Kongo verbindet, zum Beispiel fächelt sie sich Luft zu.

Der Nächste wiederholt, zusammen mit der Handbewegung: „Du heißt Kongo" und fügt seinen eigenen „Namen" mit einer passenden Handbewegung hinzu, zum Beispiel „Und ich heiße Simbabwe". Dazu macht er einige Tanzschritte oder Ähnliches. Und so geht es der Reihe nach weiter. Die Gruppe hilft, wenn die Liste länger wird.

Tipp

Anschließend kann man gut „Meteoritenschwarm" oder andere „Namensspiele" spielen (siehe S. 183).

Variation

Anstelle einer Handbewegung denkt sich jeder ein Lieblingsgericht aus, das mit demselben Anfangsbuchstaben beginnt wie der Name, zum Beispiel „Ich heiße Angola und mag gern Ananas".

Gruppengröße:	6–12 Personen, bei größeren Gruppen mehrere Kreise bilden
Material:	Kärtchen, Tesakrepp
Dauer:	ca. 20 Minuten
Energielevel:	++

Weitergeben

Gegenstände werden weitergegeben, dabei spricht man sich mit dem neuen „Namen" an.

Vorschlag zur Anmoderation

„Hier in dieser Tasche habe ich eine ganze Reihe von Bällen, die ich Ihnen gerne ‚vorstellen' würde. Wir werden in diesem Seminar öfter damit spielen, und ich möchte Ihnen Gelegenheit geben, sie sich gut anzuschauen. Deshalb gebe ich sie jetzt herum."

Und so geht es

Alle haben eine Karte mit einem Begriff oder einem Wort aus dem neuen Lernstoff, zum Beispiel verschiedene Metallarten, als Namensschildchen angeheftet und sitzen oder stehen im Kreis. Der Spielleiter nimmt einen Ball, ein buntes Tuch oder einen anderen handlichen Gegenstand, geht zu einem Teilnehmer, der zum Beispiel den Namen „Kupfer" trägt, begrüßt den Mitspieler und bittet ihn, das Tuch an ein anderes Metall, zum Beispiel „Kobalt", weiterzugeben: „Hallo Kupfer, gibst du dieses Tuch bitte an Kobalt?" „Kobalt" gibt das Tuch weiter an „Zink" und sagt: „Bitte weitergeben an Blei!" und so weiter. Währenddessen bringt der Spielleiter einen zweiten, dann ein dritten, vierten, fünften bunten Ball, weitere Tücher oder andere Gegenstände ins Spiel, bis alle Mitspieler in Bewegung sind.

Tipp
Wenn Sie möchten, können Sie selbst mitspielen, indem Sie sich auch eine Karte anheften. Einen Überraschungseffekt erzielen Sie, wenn Sie irgendwann hintereinander zehn oder zwölf Mal den Auftrag vergeben, das Tuch an „Blei" weiterzugeben und „Blei" mit Tüchern überhäuft wird. Ein hübscher Abschluss!

Gruppengröße:	ca. 6–20 Personen
Material:	Karten, Tesakrepp, Tücher oder Bälle oder andere leichte Gegenstände
Dauer:	10–15 Minuten
Energielevel:	+++

Mein rechter, rechter Platz ist leer

Neue Wörter werden als Namen angeheftet und die Mitspieler rufen sich mit den neuen „Namen".

„Spielen ist die einzige Art,
richtig verstehen zu lernen."

FREDERIC VESTER

Vorschlag zur Anmoderation

„Heute sind Sie in eine neue Identität geschlüpft und tragen einen neuen Namen. Ich möchte Ihnen jetzt Gelegenheit geben, diese Namen etwas besser kennenzulernen, und zwar mit einem Spiel, an das sich vermutlich viele von Ihnen erinnern. Wir haben es damals in einem Alter gespielt, in dem alles Lernen und Behalten bei uns enorm schnell ging."

Und so geht es

Alle Teilnehmer haben sich eine mit einem neuen Wort oder Begriff beschriftete Karte wie ein Namensschildchen angeheftet. Sie setzen sich in einen Kreis, in dem auch ein leerer Stuhl steht, und spielen nun „Mein rechter, rechter Platz ist leer, ich wünsche mir den/die … her".

Tipp

Danach passen gut die Spiele „Der Obstkorb fällt um", „Weitergeben" oder „Verstellte Stimmen".

Gruppengröße:	ca. 6–15 Personen, bei größeren Gruppen zwei Kreise bilden
Material:	Kärtchen mit neuen Wörtern oder Begriffen, Tesakrepp
Dauer:	ca. 10 Minuten
Energielevel:	++

Meteoritenschwarm

Neue Wörter werden als Namen angeheftet und die Mitspieler begrüßen sich mit den neuen „Namen".

Vorschlag zur Anmoderation

„Es gibt einen kleinen Trick für Menschen, die meinen, dass sie sich Namen nicht gut merken können. Der Trick besteht darin, Gelegenheiten zu finden, den neuen Namen möglichst oft zu sagen."

Und so geht es

Alle haben sich eine Karte mit einem neuen Wort oder Satz wie ein Namensschild angeheftet und stehen im Kreis. Der Spielleiter beginnt, indem er einem Mitspieler einen Ball zuwirft und ihn dabei mit seinem neuen Namen begrüßt: „Hallo Algerien!" Algerien wirft den Ball einem anderen Mitspieler zu und begrüßt ihn: „Hallo Kongo!" Während der erste Ball so kreuz und quer im Kreis herumwandert und immer von lauten Namensrufen begleitet wird, bringt der Spielleiter auf die gleiche Weise einen neuen Ball ins Spiel, dann einen dritten und vierten, bis die Mitspieler zwischen herumschwirrenden und herunterfallenden Bällen lachend aufgeben.

Tipp

Ermutigen Sie die Spieler, sich von anderen Bällen nicht irritieren zu lassen, sondern immer weiterzuspielen.

Gruppengröße:	10–15 Personen, bei größeren Gruppen zwei Kreise bilden
Material:	Bälle, am besten Koosh-Bälle (Bezugsquelle siehe S. 181)
Dauer:	ca. 10 Minuten
Energielevel:	+++

Aufreihen

Neue Wörter werden als Namen angeheftet, die Mitspieler stellen sich nach vorgegebenen Kriterien auf und beantworten Fragen.

„Leute hören nicht auf
zu spielen,
weil sie alt werden,
sie werden alt,
weil sie aufhören
zu spielen!"

OLIVER WENDELL HOLMES

Vorschlag zur Anmoderation
„Dieses Spiel gibt uns Gelegenheit, unsere neuen Namen und Identitäten besser kennenzulernen."

Und so geht es
Alle haben sich eine Karte mit einem neuen Begriff oder Wort wie ein Namensschild angeheftet. Der Spielleiter bittet sie, sich nebeneinander aufzustellen, zum Beispiel:

■ in alphabetischer Reihenfolge,
■ in der chronologischen Ordnung ihrer Jahreszahlen (wenn es sich zum Beispiel um Lebensdaten wichtiger Personen oder historische Ereignissen handelt),
■ nach der Anzahl der Buchstaben ihrer Wörter oder
■ nach ähnlichen Kriterien.

Der Gruppenleiter ermutigt die Mitspieler dazu, sich gegenseitig während des Aufreihens möglichst oft mit ihren neuen Namen anzusprechen.

Aus der langen Reihe bildet er nun Gruppen von etwa drei bis sechs Teilnehmern und stellt ihnen die Aufgabe, herauszufinden, welche Gemeinsamkeiten sie haben oder was sie voneinander unterscheidet. Wenn dies beispielsweise eine Gruppe ist, die historische Ereignisse auf ihren Kärtchen vermerkt hat, könnte die Frage lauten: „Wer ist der Wichtigste in eurer Gruppe und warum?" Der Text oder die Infoblätter zum neuen Lernstoff sollten dabei in Reichweite sein. Weitere Fragen könnten sein:

- Was ist das Besondere an eurer Gruppe?
- Was macht euch stark?
- Welche fünf Gemeinsamkeiten habt ihr?
- Hättet Ihr lieber einen anderen Namen? Wenn ja, welchen? Wenn nein, warum nicht?
- Was würdet Ihr zueinander sagen, wenn ihr euch in einer Kneipe treffen würdet? In einem Zugabteil? In einem Heißluftballon? Am Nordpol? Auf einer Theaterbühne? Und so weiter.

Danach folgt eine neue Aufstellung, neue Gruppen werden gebildet und beantworten dieselben oder neue Fragen.

Gruppengröße:	6–35 Personen
Material:	Kärtchen mit neuem Lernstoff, Tesakrepp
Dauer:	20–30 Minuten
Energielevel:	+++

Verstellte Stimmen

Mitspieler sollen an der Stimme erkannt und mit dem neuen Namen angesprochen werden.

Vorschlag zur Anmoderation

„Gute Detektive sehen nicht nur mehr Dinge als andere Sterbliche, sondern sie hören auch viel genauer. In diesem Spiel geht es darum, genau hinzuhören und die ‚Täter' zu erkennen. Ganz nebenbei ist dies auch eine Gelegenheit, die neuen Begriffe zu verwenden, die wir gerade lernen."

Und so geht es

Alle Mitspieler haben eine Karte mit einem Element des neuen Lernstoffs als „Namenskarte" angeheftet und bereits ein oder zwei Spiele in dieser neuen Identität gespielt, zum Beispiel „Meteoritenschwarm", „Mein rechter, rechter Platz ist leer", „Weitergeben" oder „Der Obstkorb fällt um", sodass sie in Erinnerung haben, wer welchen neuen Namen trägt.

Zwei Mitspieler, zum Beispiel „Cello" und „Bratsche", kommen nach vorn und stellen sich mit dem Rücken zur Gruppe auf. Ein Spieler aus der Gruppe begrüßt sie mit verstellter Stimme: „Hallo Cello und Bratsche!" Cello und Bratsche beraten kurz – eventuell mit einem Zeitlimit von 15 Sekunden –, wer gesprochen haben könnte, und sagen dann gemeinsam den Namen, also zum Beispiel „Hallo Kontrabass!". Haben sie die Stimme nicht richtig erkannt, so dürfen sie es noch einmal probieren. Wenn sie richtig geraten haben, kommen zwei neue Ratende nach vorn.

Tipp

Ermutigen Sie die Spieler dazu, rasch und häufig zu raten. Je öfter die neuen Begriffe gesagt werden, umso besser für den Lerneffekt. Das Rateteam kann auch aus drei Personen bestehen. Da die Beratung ein wichtiges Element des Spiels ist, sollte nie eine Person allein raten. Das Raten im Team vermeidet außerdem die Angst davor, sich als Einzelner zu blamieren.

Gruppengröße:	ca. 6–12 Personen
Material:	Kärtchen mit neuem Lernstoff, Tesakrepp
Dauer:	10–15 Minuten
Energielevel:	++

Dreh dich nicht um, der Plumpsack geht um

Die Mitspieler sprechen sich mit dem neuen Namen an und
versuchen sich beim Lauf um den Kreis zu fangen.

Vorschlag zur Anmoderation

*„Die neuere Gehirnforschung hat herausgefunden, dass Bewegung nicht nur
gut für den Körper, sondern auch für die Gehirnfunktionen ist. Bringen wir
unseren neuen Lernstoff und unser Gehirn jetzt ein wenig in Bewegung, mit
einem uralten Kinderspiel, das bei manchen ‚Plumpsack‘ hieß, bei anderen
‚Faul Ei‘ oder ‚Faules Ei‘!“*

Und so geht es

Die Spielenden stehen im Kreis, jeder hat sich eine Karte mit einem neuen Wort oder Begriff ausgesucht und sie mit der Hilfe eines Mitspielers auf den Rücken geheftet. Der erste Läufer, zum Beispiel „Magnesiumsulfat", geht außen um den Kreis herum, wobei er jedem Mitspieler einen leichten Schlag auf den Rücken gibt und dabei seinen eigenen „Namen" sagt. Bei irgendeinem Spieler, der ihm nicht ganz bei der Sache zu sein scheint, ruft er überraschend den Begriff, den dieser auf den Rücken geheftet hat, also beispielsweise „Natriumnitrat", und läuft rasch um den Kreis herum. „Natriumnitrat" versucht ihn zu fangen. Gelingt es ihm, ist der Gefangene noch einmal Läufer. Gelingt es aber „Magnesiumsulfat", vorher den jetzt freien Platz von „Natriumnitrat" zu erreichen, ist dieser der nächste Läufer. Wenn ein Läufer dreimal nicht gefangen hat, wird gewechselt – vielleicht nach einem kleinen Applaus für seinen Einsatz.

Tipp

Das Spiel braucht viel Platz – ideal für draußen – und die Mitspieler sollten Schuhe anhaben, in denen sie gut laufen können, ohne zu rutschen.

Gruppengröße:	6–20 Personen, bei größeren Gruppen zwei Kreise bilden
Material:	Kärtchen mit neuem Lernstoff, Tesakrepp
Dauer:	ca. 15 Minuten
Energielevel:	+++

Der Obstkorb fällt um

Die mit dem neuen Namen aufgerufenen Mitspieler suchen rasch einen neuen Platz.

„Die Quelle alles Guten
liegt im Spiel."

FRIEDRICH WILHELM AUGUST FRÖBEL

Vorschlag zur Anmoderation

„Unser Gehirn mag die Abwechslung, und es mag Bewegung. Wir kombinieren jetzt beides in einem Spiel, das Sie vielleicht unter dem Namen „Obstkorb" kennen. Es geht darum, Namen aufzurufen und einen neuen Platz zu finden."

Und so geht es

Alle Mitspieler haben eine Karte mit einem neuen Wort oder Satz wie ein Namensschildchen angeheftet und sitzen im Kreis, der einen Stuhl weniger enthält als Mitspieler.

Ein Mitspieler steht in der Mitte und ruft nun zwei oder mehr „Namen", zum Beispiel – nehmen wir an, es geht um die unregelmäßigen englischen Verben – „swim-swam-swum", „eat-ate-eaten", „bring-brought-brought". Dann klatscht er in die Hände oder ruft „Plätze tauschen!", und die Aufgerufenen müssen nun miteinander den Platz tauschen, wobei der Ausrufer einen Stuhl zu ergattern versucht.

Wer keinen Platz erwischt, geht als neuer Ausrufer in die Mitte.

Tipp

Ermutigen Sie die Ausrufer, mit dem Klatschen oder Rufen ein deutliches Signal zum Platztausch zu geben, damit alle gleichzeitig aufstehen und loslaufen. Zwischendurch kann auch „Alle tauschen den Platz!" gerufen werden. So kommen alle in Bewegung, und auch ein langsamerer Ausrufer hat die Chance, einen Stuhl zu erwischen.

Gruppengröße:	6–20 Personen
Material:	neuer Lernstoff auf Kärtchen, Tesakrepp
Dauer:	15–20 Minuten
Energielevel:	+++

Finger fangen

Die neuen Begriffe werden als Startsignale für schnelle Reaktionen verwendet.

Vorschlag zur Anmoderation

„In diesem Spiel geht es um Ihre Reaktionsgeschwindigkeit, und zwar nicht nur um die einfache, sondern um eine doppelte. Sie können trainieren, Ihre Aufmerksamkeit gleichzeitig auf zwei verschiedene Punkte zu richten."

Und so geht es

Alle stehen im Kreis. Die linke Hand halten sie, Handfläche nach oben, vor den linken Nachbarn, mit dem rechten Zeigefinger berühren sie von oben die Handfläche des rechten Nachbarn. Auf ein Signal hin versucht jeder, den Zeigefinger des Nachbarn zu packen und gleichzeitig den eigenen Finger nach oben wegzuziehen.

Das Signal ist jeweils ein Wort, Satz oder Begriff aus dem neuen Lernstoff, der vorn an der Tafel oder Pinnwand hängt. Der Spielleiter demonstriert den Ablauf. Er kündigt an – nehmen wir an, der Lernstoff ist die Neunerreihe –, dass er „8 mal 9 ist 72" als Signal benützen wird und dass das eigentlich Startsignal „zwei" lautet. Dann ruft er: „8 mal 9 ist 72", wobei er das „ist" ein wenig in die Länge zieht und dann schnell und pointiert „72" ruft. Die erste Silbe von „72", also „zwei", ist das eigentliche Startsignal für das Fingerfangen und gleichzeitige Wegziehen. Nach dem Spielleiter ist sein rechter Nachbar dran, der sich eine neue Aufgabe aussucht, sie ankündigt und dann als Signal für das Fingerfangen ruft. Und so geht es weiter im Kreis. Der Überraschungseffekt liegt darin, dass die Teilnehmer nicht wissen, wann und wie das Signal gesagt wird.

Tipp

Dieses Spiel eignet sich gut, um die Gruppenenergie zu steigern.

Variation

Bei ganz fixen Gruppen mit Spaß am Spiel wird nach einer Weile die Richtung gewechselt: Die rechte Hand fängt, die linke versucht zu entkommen. Noch eine Stufe schwieriger wird es, wenn mit gekreuzten Armen gespielt wird! In einer weiteren möglichen Variation wird angekündigt, welcher Begriff als Signal benutzt wird. Dann liest der Spieler, der dran ist, eine beliebige Menge an Begriffen von der Tafel vor. Wenn der Signalbegriff fällt, werden die Finger gefangen.

Gruppengröße:	3–10 Personen, bei größeren Gruppen in mehreren Kleingruppen spielen, damit alle mehrmals drankommen
Material:	neuer Lernstoff sichtbar an Tafel oder Pinnwand
Dauer:	5–10 Minuten
Energielevel:	+++

Drei Lieblinge

Drei Lieblingsbegriffe werden notiert und man soll andere Spieler finden, die dieselben Lieblinge haben.

> „Das wahre Ziel
> allen menschlichen Lebens
> ist das Spiel.
> Die Erde ist ein Pflicht-Parcours,
> der Himmel ein Spielplatz."

G. K. Chesterton

Vorschlag zur Anmoderation
„Kennen Sie die beiden Sprichwörter „Zwei Seelen, ein Gedanke" und „Abwechslung ist die Würze des Lebens"? Sie werden in unserem nächsten Spiel feststellen, dass beide stimmen!"

Und so geht es
Alle suchen aus den neuen Wörtern, Sätzen, Fakten oder Definitionen an der Tafel oder im Text drei aus, die ihnen zum Beispiel besonders gut gefallen oder von denen sie glauben, dass sie sich diese „ganz bestimmt nie" werden merken können. Diese schreiben sie auf ein Blatt und stecken es in die Tasche. Dann gehen alle herum und befragen die anderen Mitspieler, welche Wörter sie aufgeschrieben haben. Wenn sie jemandem mit den „Lieblingswörtern" begegnen, die sie selbst haben, schreiben sie seinen Namen auf.

Wenn alle wieder von ihrer Erkundungstour zurück sind, folgt ein Austausch im Kreis darüber, wer wie viele andere Mitspieler mit den gleichen Lieblingswörtern gefunden hat (Zwei Seelen, ein Gedanke!) und wie diese „Lieblingswörter heißen. Interessant auch, wer ganz andere Lieblingswörter hat (Abwechslung ist die Würze des Lebens!).

Fragen Sie in der folgenden Sitzung noch einmal nach den Wörtern, die die Teilnehmer als „ganz bestimmt nie zu merken" eingestuft hatten. Überraschenderweise „sitzen" gerade diese Wörter oft besonders gut.

Tipp

Machen Sie beim Anleiten des Spiels durch Ihre aufmunternde Demonstration klar, dass beim Suchen und Finden das laute Aussprechen der Begriffe schneller zum Ziel führt: Während man noch hier mit dem einen Mitspieler spricht, hört man schon aus einer anderen Ecke eines „seiner" Wörter!

Variation

Wenn alle in ihrem Text jeweils pro Seite drei Sätze, Fakten oder Wörter unterstrichen haben, suchen sich alle Mitspieler einen Partner, dem sie „ihre" Begriffe – zunächst von der ersten Seite – vorlesen. Das Ziel dabei ist wiederum, Mitspieler zu finden, die dieselben Begriffe unterstrichen haben. Erschwerend dabei ist allerdings, dass alle, wie der Spielleiter mitteilt, an diesem Morgen mit Watte in den Ohren aufgewacht sind und deshalb etwas schwerhörig sind! Möglicherweise müssen die Spieler mehrmals nachfragen, bis sie ihren Partner verstanden haben! Für die Wörter auf der nächsten Textseite suchen alle einen neuen Partner, noch immer auf der Suche nach Mitspielern mit denselben „Lieblingen" und immer noch „schwerhörig".

Gruppengröße:	beliebig groß, mindestens aber 4 Personen
Material:	Papier und Stift für jeden
Dauer:	ca. 20 Minuten
Energielevel:	+++

Schrei lauter, ich hör nichts

**Als Gruppe sollen neue Begriffe, Wörter oder Sätze
unter Störbedingungen einer anderen Gruppe zugerufen werden.**

Vorschlag zur Anmoderation
„Wir wissen, dass Wiederholungen gut fürs Gedächtnis sind. Jetzt kommt eine Übung, die uns Gelegenheit zum mehrfachen Wiederholen gibt. Gleichzeitig ist sie ein kleiner Test für das Durchsetzungsvermögen. Im Wettstreit sind die Stimmlautstärke, das Hörvermögen und die Störfähigkeit. Schauen wir doch mal, was passiert!"

Und so geht es
Die Mitspieler sind in drei Gruppen eingeteilt. Die Rufergruppe und die Hörergruppe stehen einander gegenüber, die dritte Gruppe – die Störer – bewegt sich in der Mitte zwischen ihnen. Rufer und Hörer können den neuen Lernstoff an der Tafel oder Pinnwand sehen.

Die Rufer einigen sich auf einen Satz oder auf etwa drei bis vier Begriffe in einer bestimmten Reihenfolge und rufen sie auf ein Signal des Spielleiters zu den Hörern hinüber. Die Störer in der Mitte versuchen, das Verstehen durch möglichst viele Geräusche, Sichtbehinderungen, Ablenkungen und andere Manöver zu verhindern, dürfen dabei allerdings keinen Mitspieler berühren. Die Hörer rufen zurück, was sie verstanden zu haben glauben.

Dann wechseln die Rollen. Jede Gruppe ist einmal Rufer, Hörer und Störer.

Tipp

Es ist gut, die „Schreiphasen" kurz zu halten – da das Ganze sehr laut werden kann. Das Spiel eignet sich besonders gut für draußen. Ein großes Blatt Papier, auf dem der neue Lernstoff steht, sollte in Sichtweite aufgehängt werden. Gut ist es, wenn die Teilnehmer schon ein wenig vertraut mit dem Lernstoff sind.

Gruppengröße:	mindestens 6 Personen
Material:	neuer Lernstoff für alle sichtbar an Tafel, Wand oder Pinnwand
Dauer:	ca. 5 Minuten
Energielevel:	+++

Stell dir vor

Dieses Spiel stellt eine halb gelenkte Fantasiereise zu den neuen Begriffen und ihren Eigenarten dar.

> „Fantasie haben heißt nicht,
> sich etwas auszudenken,
> es heißt, sich aus den Dingen
> etwas zu machen."

THOMAS MANN

Vorschlag zur Anmoderation

„Unsere Vorstellungskraft ist ein erstaunlich wirkungsvolles Instrument, um das, was wir lernen, mit dem zu verknüpfen, was wir schon wissen. Unsere nächste Übung hilft Ihnen dabei, das, was wir jetzt gelernt haben, im Langzeitgedächtnis abzuspeichern."

Und so geht es

Alle Teilnehmer haben sich ein neues Wort wie ein Namenskärtchen angeheftet – und haben schon eines der anderen Namensspiele damit gespielt. Legen Sie eine leise, entspannende Musik auf und laden Sie die Teilnehmer dazu ein, noch einmal in die Runde zu schauen und sich die anderen Teilnehmer und die Namen, die sie jetzt tragen, anzuschauen. Bitten Sie sie, die Farben und die Formen der Buchstaben wahrzunehmen und dann die Augen zu schließen oder sie entspannt auf einem Punkt auf dem Boden ausruhen zu lassen. Dann beginnen Sie mit den folgenden oder ähnlichen Worten:

„Und nun lasst vor eurem inneren Auge einige dieser Kärtchen auftauchen und schaut, wie die Worte darauf aussehen. Und vielleicht möchtet ihr rasch noch einmal schauen, wie das eine oder andere Wort geschrieben wird. Dann macht die Augen auf und werft einfach noch einmal einen kurzen Blick darauf und schließt danach die Augen wieder. Sucht euch nun ein Wort aus, das aus irgendeinem Grund wichtig für euch ist, und nehmt die Buchstaben wahr – den ersten Buchstaben, den letzten, die mittleren Buchstaben. Verändert ihre Farbe, wenn ihr mögt – ein wenig oder ganz. Welche Farben seht ihr jetzt? Erlaubt den Buchstaben, sich zu bewegen. Erlaubt ihnen zu tanzen, vielleicht in verschiedene Richtungen oder im Kreis, wo sie einander bei den Händen halten. Spürt die Energie und den Spaß, den sie zusammen haben, und schaut, wie es sich anfühlt, ein wenig von diesem Spaß zu genießen. Könnt ihr hören, was sie zueinander sagen? Sprechen sie vielleicht über andere Wörter auf anderen Karten? Ladet die anderen Karten zu euch ein! Und wenn sie ihren Tanz beendet haben, lasst sie einen Ort finden, irgendwo, wo ihr sie wieder findet, wenn ihr sie braucht. Kommt mit eurer Aufmerksamkeit dann langsam wieder hierher zurück, lasst etwas Bewegung in eure Hände und Füße kommen, öffnet die Augen, wenn sie geschlossen waren – und seid wieder ganz hier."

Gruppengröße:	1 Person bis beliebig groß
Material:	neue Info auf Kärtchen, Tesakrepp, Entspannungsmusik (zum Beispiel von Michael Jones „Sunscapes" oder „Seascapes" oder von Gomer Evans „Winds of Summer")
Dauer:	nicht länger als 15 Minuten
Energielevel:	+

Sinn-voll träumen

In einer gelenkten Fantasiereise werden die Türen
zu den Sinneswahrnehmungen geöffnet

Vorschlag zur Anmoderation
„Unsere Vorstellungskraft ist ein erstaunlich wirkungsvolles Instrument, um das, was wir lernen, mit dem zu verknüpfen, was wir schon wissen. Unsere nächste Übung hilft Ihnen dabei, das, was wir jetzt gelernt haben, im Langzeitgedächtnis abzuspeichern."

Und so geht es
Mit gelenkten Fantasiereisen schaffen Sie einen Zustand, der für die Teilnehmer das Tor zu den inneren Sinnen öffnet. Angeregt von der Musik schaltet das Gehirn auf einen entspannten Zustand, in dem es noch leichter fällt zu assoziieren. Diesen Zustand können Sie dazu nutzen, den Lernstoff über die Verknüpfung mit allen Sinnen im Gedächtnis zu speichern.

In der Segelschule würden Sie die Teilnehmer vielleicht ans Wasser führen und die folgenden oder ähnliche Worte verwenden: „Stellt euch vor, es ist ein warmer Sommertag, die Sonne scheint auf eure Haut, ein leichtes Lüftchen fächelt euch Kühlung zu und ihr geht beschwingt hinunter zum Hafen. Schon hört ihr das Geschrei der Möwen und riecht den leichten Salzgeruch des Meeres. Ihr geht an den Booten vorbei, die hier am Steg vertäut sind, und seht dort drüben eines liegen, das euch besonders gut gefällt. Ihr steigt aufs Vordeck und findet die Segel mit den Segellatten und den Tauen in ihren Säcken im Boot und macht euch nun daran, alles fürs Auslaufen vorzubereiten."

Ein weiteres Beispiel einer solchen Fantasiereise finden Sie unter „Die EU-Länder" (siehe S. 163).

Tipp

Manche Teilnehmer behalten die Augen lieber offen. Schlagen Sie ihnen vor, die Augen auf einem Punkt irgendwo am Boden ausruhen zu lassen. Wenn sie sich ein wenig später mehr und mehr entspannen, schließen viele die Augen.

Variation

Nach der Fantasiereise können die Teilnehmer malen oder zeichnen, was sie gesehen haben. Die Zeichnungen können auch abstrakt sein oder Symbole darstellen. Danach können diejenigen, die es möchten, einem Partner ihre Zeichnung erklären.

Gruppengröße:	1 Person bis beliebig groß
Material:	neue Info auf Kärtchen, Tesakrepp, Entspannungsmusik (zum Beispiel von Michael Jones „Sunscapes" oder „Seascapes" oder von Gomer Evans „Winds of Summer")
Dauer:	ca. 10–15 Minuten
Energielevel:	+

Wo bist du?

Begriffe, Formeln oder Sätze werden wieder und wieder
als „Wo bist du?"-Frage ausgesprochen.

„Der Mensch ist
am meisten er selbst, wenn er
die Ernsthaftigkeit des Kindes
beim Spielen erreicht."

HARAKLIT

Vorschlag zur Anmoderation
*„Etwas zu fangen, was uns entwischen will, ist ein menschlicher Ur-Impuls und
groß ist die Freude, wenn wir es erhascht haben. Damit wollen wir ein bisschen
spielen, sodass wir am Ende tatsächlich eine Menge des neuen Wissensstoffs
eingefangen haben."*

Und so geht es
Alle Mitspieler tragen ein „Namensschildchen", das heißt eine Karte, auf
der ein Wort oder Begriff des neuen Lernstoffs steht. Die ganze Gruppe
bildet einen Kreis und alle fassen sich an den Händen. In der Mitte des
Kreises befinden sich zwei Spieler, von denen einer, zum Beispiel „Johann
Sebastian Bach 1685–1750", die Augen verbunden hat. Seine Aufgabe ist es,
den anderen Spieler, zum Beispiel „Ludwig van Beethoven 1770–1827", zu
fangen. Damit er weiß, wo sich Beethoven grade befindet, ruft er: „Ludwig
van Beethoven 1770–1827, wo bist du?" „Beethoven" darf sich ducken und

ausweichen, um nicht von „Bach" berührt zu werden, aber er darf den Kreis nicht verlassen und muss jedes Mal auf „Bachs" Frage antworten. Wenn „Beethoven" gefangen ist, kehrt er in den Kreis zurück. „Bach" bleibt im Inneren des Kreises und versucht nun seinerseits, einem neuen „blinden Fänger" auszuweichen.

Tipp

Spielen Sie das Spiel mehrere Male und beenden Sie es, solange die Energie noch hoch ist. Wenn die Gruppe sehr groß ist, teilen Sie sie in zwei oder drei kleinere Gruppen von acht bis zehn Mitspielern.

Manche Menschen lassen sich nicht gern die Augen verbinden. Die Alternative ist, sich die Augen mit der Hand zuzuhalten. Das bedeutet aber, dass diese Person nur eine Hand zum Fangen frei hat!

Gruppengröße:	mindestens 8 Personen
Material:	„Namensschildchen", Augenbinde
Dauer:	ca. 15 Minuten
Energielevel:	++ bis +++

Freier mit dem Stoff umgehen

Diese Spiele eignen sich besonders dazu, den nun schon bekannten Lernstoff durch Assoziieren, Darstellen, Malen, Beschreiben und Erraten zu festigen.

Woran denke ich?

**Assoziationen zum neuen Lernstoff werden gesagt,
Begriffe sollen erraten werden.**

„Eine Entdeckungsreise
besteht nicht darin, neue Landschaften
zu finden, sondern darin,
mit neuen Augen zu sehen."

MARCEL PROUST

Vorschlag zu Anmoderation

„Können Sie Gedanken lesen? In diesem Spiel geht es darum, aus einem einzigen Wort, das uns jemand sagt, seine Gedanken zu erraten."

Und so geht es

Etwa 20 neue Wörter, Begriffe, Fakten oder Daten sind für alle sichtbar an die Tafel geschrieben. Wenn Sie eine Serie von Spielen geplant haben, bei denen die Informationen „bewegt" werden, wie zum Beispiel in „Was ist anders?", schreiben Sie diese Wörter, Begriffe und so weiter auf Kärtchen und heften diese an die Tafel oder Pinnwand. Der Spielleiter beginnt etwa so: „Sie sehen hier an der Tafel viele Länder. Ich sage Ihnen jetzt zu einem dieser Länder ein Wort, das mir einfällt, zum Beispiel ,Schnee'. Und nun raten Sie, an welches Land ich denke." „Grönland?" „Das könnte sein, aber ich denke an ein anderes Land." „Tansania?" „Aha, Schnee am Kilimandscharo – könnte sein, aber ich denke an ein anderes Land." „Norwegen?" „Ja, das ist es!"

Dann spielen die Gruppenmitglieder in Paaren oder Kleingruppen dasselbe Spiel. Durch sein Modell hat der Spielleiter gezeigt, dass es nicht um „falsch" oder „richtig" geht, sondern darum, die unterschiedlichen Assoziationen und Gedankenverbindungen wahrzunehmen und zum Lernen zu nutzen.

Tipp

Je mehr die Teilnehmer raten, desto besser. Die Suche nach der richtigen Antwort kann das freie Raten bremsen. Ermutigen Sie deshalb die Teilnehmer, unbefangen draufloszuraten! Für kognitiv orientierte Lernende kann der Hinweis hilfreich sein, dass Denken und Lernen assoziativ funktionieren und Assoziationen deshalb Lernen und Behalten anregen. Nach diesem Spiel sollte ein aktiveres folgen, zum Beispiel „Spiel mir ein Wort".

Gruppengröße:	beliebig groß, mindestens aber 2 Personen
Material:	neuer Lernstoff für alle sichtbar an Tafel, Flipchart oder Pinnwand
Dauer:	15 Minuten
Energielevel:	+

Tabu!

Begriffe, Sätze, Fakten werden definiert – ohne dass sie genannt werden – und sollen erraten werden.

„Spielen ist Jonglieren
mit der Wirklichkeit."

BERNWARD THOLE

Vorschlag zur Anmoderation

„Etwas nicht sagen zu dürfen, kann manchmal eine ziemliche Herausforderung sein! Vielleicht kennen einige von Ihnen das Spiel ,Tabu', bei dem es darauf ankommt, einen gedachten Begriff um keinen Preis auszusprechen, ihn aber so gut zu umschreiben, dass die Mitspieler der eigenen Gruppe ihn möglichst rasch erraten können."

Und so geht es

Etwa gleich große Gruppen sitzen im Halbkreis so, dass alle die neuen Begriffe, Fakten, Sätze und so weiter an Tafel oder Flipchart sehen können. Vor jeder Gruppe steht ein „Tabu-Stuhl". Nacheinander setzt sich jeder Mitspieler auf diesen Stuhl und beschreibt dort einen der neuen Begriffe, bis die anderen ihn erraten haben. Der Begriff selbst darf in der Beschreibung nicht genannt werden (Tabu!). Jedes Gruppenmitglied soll ein- bis zweimal drankommen. Der Spielleiter setzt vorher eine Zeit fest und zählt während des Spiels die Treffer. Dann lässt er eine zweite Runde spielen, in der die eigene Trefferzahl noch erhöht werden soll.

Tipp

Manchen Teilnehmergruppen macht es besonderen Spaß, Wettspiele mit „verschärften Bedingungen" zu spielen. Für solche Gruppen kann die Spannung erhöht werden, indem der Spielleiter auch die Anzahl der Rateversuche notiert.

Variation

Dieses Spiel kann auch paarweise gespielt werden.

Gruppengröße:	ca. 20 Personen oder auch nur 2 Personen
Material:	neuer Lernstoff an Tafel oder Pinnwand
Dauer:	ca. 15 Minuten
Energielevel:	++

Handschuh steht für Hemisphäre

Es werden Symbole für drei neue Begriffe gesucht,
die erraten werden sollen.

„Die Seele
denkt nie ohne
ein Bild."

ARISTOTELES

Vorschlag zur Anmoderation

*„Schon die alten Griechen hatten viele Ideen dazu, wie man sich Dinge richtig
gut merken kann. Sie wussten, dass Verknüpfungen mit Symbolen und Assoziationen dem Gehirn besonders gut gefallen. Und sie haben erkannt, dass die
ungewöhnlichsten oder verrücktesten Verknüpfungen am besten im Gedächtnis
haften bleiben!"*

Und so geht es

Der Spielleiter bittet alle Mitspieler, sich für drei der neuen Wörter oder
Begriffe je einen Gegenstand zu suchen, der für sie in einer Beziehung zu dem
Wort oder Begriff steht. Er selbst demonstriert das, indem er sich drei Begriffe
von der Tafel aussucht, ohne sie zu nennen, zum Beispiel beim Thema „Anatomie des Gehirns" die Begriffe „Hemisphären", „Corpus Callosum" und
„Großhirn". Dann lässt er den Blick durch den Raum schweifen, greift vielleicht auch suchend in die Hosentasche und legt schließlich ein Paar Hand-
schuhe, einen Locher und ein zusammengeknäueltes Blatt Papier vor sich hin.
Nun lädt er die Gruppe ein, zu erraten, für welche Gehirnteile diese Gegenstände stehen. Alle Vorschläge und Begründungen dafür hört er sich interes-

siert an und verrät schließlich seine drei Begriffe und welchen Gegenstand er warum damit assoziiert hat: linker und rechter Handschuh für linke und rechte Hemisphäre, Locher für das Corpus Callosum, das die beiden Hemisphären verbindet, Papierknäuel für das Großhirn mit seinen Wülsten und Furchen.

Wenn alle Mitspieler ihre Gegenstände zusammengetragen haben, spielen sie das Ratespiel zunächst mit dem Nachbarn zur Rechten, dann mit dem Nachbarn zur Linken. Dann können sich Paare oder Dreiergruppen bilden, die gemeinsam zu anderen Paaren hingehen und deren Wörter erraten. Den Abschluss bildet ein Austausch, bei dem der Spielleiter die Gruppenmitglieder dazu einlädt, die ungewöhnlichsten Assoziationen zu nennen, die während des Spiels aufgetaucht sind. So entwickelt sich das Staunen darüber, welche kreativen Wege das Gehirn beim Lernen geht und dass es oft die bizarren und verrückten Gedankenverbindungen sind, die das Merken fördern.

Der Charme des Spiels: Die freie Interpretierbarkeit von Symbolen erlaubt fast unendlich viele Rateversuche.

Tipp
Wenn der Platz nicht zum Herumgehen ausreicht, bleiben alle sitzen und suchen sich die Gegenstände in ihren Schul- oder Handtaschen.

Gruppengröße:	beliebig groß, mindestens aber 2 Personen
Dauer:	20–30 Minuten je nach Gruppengröße
Energielevel:	+++

Was passt wohin?

**Karten mit neuen Begriffen, Sätzen, Formeln und so weiter werden
an passenden Gegenständen im Raum angebracht und es wird mitgeteilt,
warum dieser Platz „passt".**

Vorschlag zur Anmoderation

*„Wir wissen, dass schon die alten Griechen viele Ideen dazu hatten, wie man sich
Dinge richtig gut merken kann. Eine ihrer Mnemotechniken beruhte zum Beispiel auf dem Verknüpfen von bestimmten Begriffe oder Ideen mit Gegenständen in einem Raum oder entlang eines Wegs. Dabei haben sie erkannt, dass die
ungewöhnlichsten oder verrücktesten Verknüpfungen am besten im Gedächtnis
haften bleiben!"*

Und so geht es

Die Teilnehmer suchen für mehrere Karten mit neuen Lerninhalten je einen
Gegenstand oder Ort im Raum, zu dem die Karten besonders gut passen, und
heften sie dort an. Dann nimmt sich jeder einen Partner und führt ihn zu
einer seiner Karten, liest sie vor und erklärt, warum er seine Karte gerade
an dieser Stelle angebracht hat, zum Beispiel – wir sind in der Fahrschule –
den „Auspuff" ans Fenster, wegen der frischen Luft, oder die „Karosserie" ans
Flipchart, weil dieses auch aus Blech ist, oder das „Getriebe" an den Spielleiter, weil der alle antreibt, und so weiter. *

Die Spieler führen drei bis vier verschiedene Partner zu ihren Karten und
erklären ihre Assoziationen. Im Anschluss daran tauschen alle im Plenum
aus, welche Orte sie für welche Karte ausgesucht hatten. Bei sehr großen
Gruppen werden nur einige Beispiele ausgewählt.

Tipp

Geben Sie selbst zum Einstieg einige Beispiele, die ruhig ungewöhnlich sein
dürfen, um die Teilnehmer zu ermutigen, ihren Assoziationen freien Lauf zu
lassen. Nach diesem Spiel passen sehr gut die Spiele „Fotografieren", „Wo ist
JFK?", „Blind ertasten" und „Wegweiser".

Variation

Der Spielleiter beziehungsweise ein Zweierteam hat alle neuen Karten an „passenden" Gegenständen im Raum angebracht. Die Teilnehmer wandern zu zweit durch den Raum und erraten, warum der Spielleiter oder das Spielleiterteam die Karten an einer bestimmten Stelle platziert hat. Im Anschluss daran offenbaren Spielleiter oder Spielleiterteam im Plenum die Gründe für ihre Wahl.

Gruppengröße:	bis 30 Personen, wenn der Raum groß genug ist; mindestens aber 2 Personen
Material:	Karten mit den neuen Inhalten, Tesakrepp
Dauer:	20–30 Minuten
Energielevel:	++

* Weitere Beispiele aus der Fahrschule: „Motor" an einer Kaffeetasse, weil Kaffee in Fahrt bringt; „Gangschaltung" an einem Marker, weil man ihn in die Hand nimmt; „Vorderradantrieb" auf dem Boden vorne im Raum; „Hinterradantrieb" auf dem Boden hinten im Raum; „Lenkung" auf einem runden Stuhl; „Räder" an einem Radiergummi; „Bremsen" am Türschloss zum Seminarraum; Anti-Blockier-System „ABS" an einem Glas Wasser, weil man durch Wasser ins Rutschen kommen könnte; „Abgase" auf einem Aschenbecher; „Auslassventil" an einem Lichtschalter.

Fotografieren

Wie mit einem Fotoapparat werden Bilder von den neuen Wörtern oder Begriffen aufgenommen.

> „Das Geheimnis des Lebens
> liegt nicht in der Entdeckung
> neuer Welten, sondern im
> Betrachten der Welt
> mit neuen Augen. "

MARCEL PROUST

Vorschlag zur Anmoderation

„Wenn wir fotografieren, tun wir das meistens, um uns an bestimmte Menschen, Gegenstände oder Ereignisse zu erinnern. Hier kommt ein Spiel, bei dem wir auf eine ungewöhnliche Weise fotografieren, um uns an den neuen Wissensstoff zu erinnern. "

Und so geht es

Kärtchen mit dem neuen Lernstoff hängen im Raum an verschiedenen Gegenständen*. Je zwei Personen bilden ein Team, das aus Fotograf und Fotoapparat besteht. Sie besprechen miteinander ein Signal, das „Auslöser drücken" bedeutet, zum Beispiel zart am Ohrläppchen ziehen oder die Schulter berühren.

Der „Fotograf" stellt sich hinter seinen „Fotoapparat" und fasst ihn leicht an den Oberarmen. Der „Fotoapparat" schließt die Augen. Der „Fotograf" führt nun seinen „Fotoapparat" zu einem der Gegenstände im Raum, an denen ein

Kärtchen klebt. In passender Entfernung bleibt er stehen, drückt den „Aus-löser" und lässt seinen „Fotoapparat" das Bild aufnehmen. Dann schließt er das Objektiv wieder mit demselben Signal und führt den Fotoapparat zu einem neuen Bild. Nach etwa fünf Aufnahmen setzt sich das Team hin und tauscht sich aus. Der „Fotoapparat" berichtet, was er gesehen hat, zum Bei-spiel – wir sind in der EDV-Schulung – „Alles markieren" an einem Flipchart-Marker, „Extras" an der Zuckerdose oder „Ansicht" an einem Landschaftsbild. Der „Fotograf" berichtet, warum er dieses Bild ausgewählt hat. Dann tauschen beide die Rollen.

Tipp
Nach diesem Spiel passen sehr gut die Spiele „Wo ist JFK?", „Blind ertasten" und „Wegweiser".

Gruppengröße:	bei ausreichend großem Raum bis zu 30 Personen oder mehr, mindestens aber 2 Personen
Material:	neuer Lernstoff auf Kärtchen, Tesakrepp
Dauer:	10–15 Minuten
Energielevel:	++

* Beispiele aus der EDV-Schulung: „Datei" auf einer Aktenmappe, „Bearbeiten" am Radiergummi eines Stifts, „Einfügen" auf einem Briefumschlag, „Tabelle" an einem Lineal, „Fenster" auf dem Fensterbrett, „Office Zwischenablage" auf der Innenseite einer Mappe oder „Maus" auf einem Stück Käse.

Wo ist JFK?

Neue Wörter, Begriffe, Sätze oder Fakten werden wiedererkannt und ausgesprochen.

„Solange der Mensch spielt, ist er frei."

FRIEDRICH SIEBURG

Vorschlag zur Anmoderation

„Wenn wir unser Auto in einer Tiefgarage oder einem Parkhaus abstellen, merken wir uns die Nummer des Stellplatzes und die Parkebene, am besten auch die Farbe, die dieser Ebene vielleicht zugeordnet ist. Denn obwohl das Auto nicht gerade ein kleiner Gegenstand ist, finden wir es auf der riesigen Parkfläche viel besser wieder, wenn wir zur Orientierung eine Verknüpfung hergestellt haben. Ähnlich geht es uns mit Begriffen und Fakten, die wir im Gehirn speichern möchten: Intensives Verknüpfen erleichtert das Wiederfinden!"

Und so geht es

Die Teilnehmer sitzen mit einem Partner im Raum, in dem die Karten mit den neuen Inhalten, zum Beispiel „Die amerikanischen Präsidenten", an verschiedenen Gegenständen angebracht worden sind, also „George Bush" an einer Pflanze, weil sie buschig ist, „Gerald Ford" an der Zimmertür, weil man durch sie „fortgeht", „Dwight Eisenhower" am Türschlüssel, weil der aus Eisen ist, und so weiter. Die Teilnehmer stellen sich gegenseitig Fragen, und zwar zuerst nach dem Muster „Wo ist John F. Kennedy?" und dann: „Welcher Präsident ist auf der Fensterbank?"

Tipp

Nach diesem Spiel passen sehr gut die Spiele „Blind ertasten" und „Wegweiser".

Variation

Nachdem das Spiel wie oben gespielt wurde, schließt einer der beiden die Augen, der Partner nennt einige Begriffe und der „Blinde" deutet jeweils in die Richtung, in der diese Karte hängt.

Gruppengröße:	bei ausreichender Raumgröße bis 30 Personen oder mehr, mindestens aber 2 Personen
Material:	Kärtchen mit dem neuen Lernstoff im Raum an Gegenständen
Dauer:	ca. 15 Minuten
Energielevel:	++

Blind ertasten

Anhand von ertasteten Gegenständen sollen sich die Spieler
an die angehefteten Wörter und Begriffe erinnern.

> „Ich lerne durch meine Hände,
> meine Augen und meine Haut,
> was ich durch mein Gehirn
> nie lernen kann."
>
> M. C. RICHARDS

Vorschlag zur Anmoderation

*„Informationen gelangen über unsere Sinne ins Gehirn. Wenn wir einen der
Sinne ausschließen, zum Beispiel das Sehen, werden die anderen Sinne dadurch
intensiver. Wir wollen jetzt ein wenig damit experimentieren, wie Lernen durch
Tasten und Anfassen sich auf unser Gedächtnis auswirkt."*

Und so geht es

Die Karten mit dem neuen Lernstoff sind im Raum an verschiedenen Gegenständen angebracht worden, und es wurden schon ein oder zwei Spiele in
diesem Setting gespielt, zum Beispiel „Was passt wohin?", „Wo ist JFK?" oder
„Fotografieren", sodass die Spielenden mit den Begriffen und den damit
verbundenen Gegenständen vertraut sind. Sie tun sich zu zweit zusammen
und besprechen, wer zuerst führt und wer zuerst rät. Der Ratende schließt
die Augen, der Führende nimmt den Ratenden an die Hand und führt ihn zu

einer der Karten im Raum. Er legt die Hände des Ratenden an den Gegenstand und lässt ihn ertasten, um was es sich handelt. Der Ratende rät, welcher Begriff an diesem Gegenstand angebracht ist. Der Führende hilft eventuell ein wenig mit, indem er weitere neue Begriffe von der Tafel oder Pinnwand vorschlägt. Der Ratende entscheidet bei jedem neuen Begriff, ob es der richtige sein könnte. Nach drei bis fünf Stationen wechseln die Partner die Rollen.

Variation
Wenn die Spiele „Pfeifenputzer" oder „Handschuh steht für Hemisphäre" schon gespielt wurden, können auch die Skulpturen aus Pfeifenputzern oder die Symbole aus diesen beiden Spielen benutzt werden.

Gruppengröße:	2–30 oder mehr Personen je nach Raumgröße
Material:	neuer Lernstoff auf Kärtchen, die an Gegenstände im Raum geheftet sind
Dauer:	20–30 Minuten
Energielevel:	+++

Wegweiser

Neue Wörter, Begriffe, Sätze oder Fakten werden zu Musik gesagt
und im Rhythmus darauf gedeutet.

Vorschlag zur Anmoderation

*„Wir kennen die Begriffe hier im Raum jetzt schon ziemlich gut und haben uns
damit vertraut gemacht, wo sie sich befinden. In die nächste Runde wollen wir
noch ein bisschen mehr Schwung bringen. Mein Freund, der CD-Spieler, wird
die Atmosphäre gleich etwas aufmischen. Schauen wir doch mal, wie sich das
auf unser Lernen auswirkt!"*

Und so geht es

Die Karten mit dem neuen Lernstoff sind im Raum an verschiedenen Gegenständen angebracht worden, und es wurden schon ein oder zwei Spiele in
diesem Setting gespielt, zum Beispiel „Was passt wohin?", „Wo ist JFK?" oder
„Fotografieren", sodass die Spielenden mit den Begriffen und den damit verbundenen Gegenständen vertraut sind. Alle stehen nun im Kreis. Legen Sie
eine munter bewegte Musik auf und sagen zum Rhythmus der Musik laut ein
Wort oder einen Satz.

Alle in der Gruppe deuten im Rhythmus der Musik auf das Wort oder den
Satz. Der Teilnehmer neben Ihnen sagt als Nächster ein Wort oder einen Satz,
die Gruppe deutet darauf und so weiter, bis alle mindestens einmal dran
waren.

Wenn das Lernziel ist, eine feste Folge der Fakten zu lernen, zum Beispiel die
zehn letzten amerikanischen Präsidenten, so ruft der Spielleiter in dieser
Reihenfolge die Orte auf, wo sie sich befinden, die Mitspieler deuten darauf
und rufen den Namen.*

Mehrfaches schwungvolles Wiederholen mit Musik unterstützt das Lernen!

---

* Beispiel: die letzten zehn amerikanischen Präsidenten in chronologischer Reihenfolge
  und Vorschläge für Orte, an denen die Kärtchen befestigt werden können

- Dwight David Eisenhower, 1953–1961: Türschlüssel (aus Eisen)
- John Fitzgerald Kennedy, 1961–1963: auf einem Gruppenfoto („Kenn I die?")
- Lyndon Baines Johnson, 1963–1969: neben einem großen und einem kleinen Stift („John" und „Sohn")
- Richard Milhous Nixon, 1969–1974: an der Tür (weil er gehen musste)
- Gerald Rudolph Ford, 1974–1977: an einem Bild, auf dem ein Auto zu sehen ist
- James Earl Carter, Jr., 1977–1981: an einem „Smiley" oder an einer Person mit einem breiten Lächeln
- Ronald Wilson Reagan, 1981–1989: am Fenster (draußen fällt Regen)
- George Herbert Walker Bush, 1989–1993: an einer großen Pflanze
- William Jefferson Clinton, 1993–2001: auf dem Bild einer jungen Frau
- George Walker Bush, 2001–2009: an einer kleinen Pflanze

Barack Obama (2009

Tipp
Dieses Spiel eignet sich sehr gut nach den Spielen „Wo ist JFK?" oder „Fotografieren". Es lässt sich auch im Sitzen spielen!

Variation
Das Spiel kann auch gespielt werden, wenn jeder der Mitspieler ein Kärtchen als Namensschildchen trägt. Dann wird zu jedem Wort auf den entsprechenden Spieler gedeutet. Diese Variante passt gut nach „Namenskette" „Meteoritenschwarm" oder „Mein rechter, rechter Platz".

Gruppengröße:	1 bis etwa 20 Personen
Material:	CD mit lebhafter instrumentaler Musik (zum Beispiel „Le Bastringlo" von der CD „Tänze für die Gruppe", Arbeitsgemeinschaft Gruppen-Beratung)
Dauer:	5–10 Minuten
Energielevel:	+++

Nur halb zu sehen

Halb verdeckte Sätze oder Begriffe auf einer Karte
sollen ergänzt werden.

Vorschlag zur Anmoderation
*„Was meinen Sie, wie viele Buchstaben eines Wortes brauchen Sie, um das Wort
zu erkennen? Ich vermute, unser Gehirn ist schneller, als Sie glauben!"*

Und so geht es

Alle haben einen Begriff, eine Formel oder einen Satz, den sie lernen wollen, in Druckbuchstaben mit dickem Stift auf eine Karte geschrieben oder benutzen die Karten, die sie schon für andere Spiele geschrieben haben. Es wurden schon mehrere Spiele von der Art „Was ist anders?", „Spiel mir ein Wort" oder „Woran denke ich" gespielt. Die Teilnehmer halten nun auf ihrer Karte mal die erste Hälfte zu, mal die zweite, mal die Mitte und gehen damit herum zu anderen Mitspielern, die raten sollen, wie der ganze Text auf der Karte lautet.

Gruppengröße:	beliebig groß, mindestens aber 5 Personen
Material:	neuer Lernstoff sichtbar im Raum, Kärtchen und Stifte oder schon mit neuen Begriffen beschriftete Kärtchen
Dauer:	10–15 Minuten
Energielevel:	++

Symbole zeichnen

In Kleingruppen werden Symbole für neue Begriffe gezeichnet,
die erraten und besprochen werden sollen.

Vorschlag zur Anmoderation

*„Wenn wir anstelle von Worten Symbole verwenden, werden Botschaften
dadurch auf einen Blick erkennbar – denken wir nur an Verkehrszeichen wie
‚Fußweg‘, ‚Vorfahrt beachten‘, oder ‚Kreisverkehr‘. Wir können auch unsere
neuen Begriffe durch Symbole ausdrücken und dadurch das Wiedererkennen
beschleunigen.“*

Und so geht es

Der neue Lernstoff ist an Tafel, Flipchart oder Pinnwand sichtbar im Raum. In Paaren oder Dreiergruppen suchen die Teilnehmer sich sieben bis neun Begriffe aus, für die sie Symbole auf ein großes Blatt zeichnen. Dann tauschen sie mit einer anderen Kleingruppe die Blätter und raten, welches Symbol auf dem Blatt der anderen Gruppe welches Wort darstellen soll.

Danach berichten sie der anderen Gruppe, was sie geraten haben, und hören, ob sie damit die Absicht der Symbolzeichner getroffen haben. Im Sprachunterricht bietet der Spielleiter für diesen kleinen Austausch hilfreiche Sätze an, die für alle sichtbar auf dem Flipchart oder an der Tafel stehen, wie zum Beispiel „That's right.", „It could be, but I was thinking of ...", „It should have been a ..." oder „It could have been a ..., but I was thinking of ...".

Tipp

Den Aufschrei „Ich kann aber nicht zeichnen!" können Sie als Spielleiter auffangen, indem Sie einige Beispiele demonstrieren, die zeigen, dass wir unsere Botschaft auch mit komischen, „nicht gelungenen Zeichnungen" vermitteln können. Je „schlechter" Ihnen dabei das Zeichnen gelingt, desto ermutigender – und witziger – ist es für die Gruppe.

Gruppengröße:	beliebig groß, mindestens aber 2 Personen
Material:	größere Papierblätter und Farbstifte
Dauer:	ca. 20 Minuten
Energielevel:	++

Montagsmaler

Neue Begriffe, Wörter, Sätze oder Fakten werden gezeichnet und erraten.

Vorschlag zur Anmoderation

„Vielleicht erinnern Sie sich an die über 20 Jahre hinweg erfolgreiche Fernsehshow ‚Montagsmaler', in der die Teilnehmer mehrerer Gruppen möglichst rasch erraten mussten, was einer aus ihrer Gruppe zeichnete. Strategien für schnelles Erkennen und Raten waren angesagt! Eine davon war, schon beim ersten gezeichneten Strich „Katze, Hund, Maus" oder Ähnliches zu rufen. Sie haben es leichter, denn alle Begriffe, die hier gleich gezeichnet werden, stammen aus dem Stoff, mit dem wir uns gerade beschäftigen."

Und so geht es

Der neue Lernstoff ist auf Tafel, Pinnwand oder Flipchart sichtbar im Raum. Kleingruppen von drei bis fünf Mitspielern haben je einen großen Zeichenblock, ein großes weißes Blatt oder eine abwischbare Tafel und einen passenden Stift. Der erste Spieler sucht sich aus dem neuen Lernstoff einen Begriff, ein Wort oder einen Satz und zeichnet ihn, während die anderen zuschauen und so rasch wie möglich erraten, was die Zeichnung darstellen soll. Dann ist der nächste in der Gruppe mit dem Zeichnen dran und die anderen raten.

Nach einer festgesetzten Zeit von vier bis fünf Minuten klingelt der Spielleiter mit einer Glocke oder Ähnlichem, und die Gruppen zählen, wie viele Begriffe sie erraten haben. Eine neue Runde beginnt, in der jede Gruppe versucht, ihr Rate-Ergebnis zu verbessern. Das Ziel ist der Wettstreit mit der Uhr, nicht mit den anderen Gruppen!

Tipp

Wer die klassische Fernsehsendung „Montagsmaler" kennt, erinnert sich, dass die Ratechance enorm zunimmt, je rascher „wild" spekuliert wird!

Gruppengröße:	beliebig groß, mindestens aber 4 Personen; kann auch zu zweit gespielt werden, dann rät jeder so viele Begriffe, wie er zum Beispiel in 3 Minuten schafft
Material:	Papier und Zeichenstifte
Dauer:	15–20 Minuten
Energielevel:	+++

Picassos tauschen

Neue Begriffe oder Wörter werden gezeichnet und
in der Gruppe erraten.

Vorschlag zur Anmoderation

*„‚Was soll dieses Bild wohl bedeuten?‘, fragen wir uns gelegentlich, wenn wir
durch ein Museum mit moderner Kunst gehen. In der folgenden Übung stellen
wir uns vor, in einer Ausstellung moderner Kunst zu sein und die Bedeutung der
Bilder zu interpretieren, als seien sie alle Picassos!“*

Und so geht es

Jeder Mitspieler sucht sich aus dem neuen Lernstoff, der im Raum sichtbar ist, drei Fakten, Begriffe oder Wörter aus und zeichnet alle drei Begriffe auf ein Blatt Papier. Auf die Rückseite schreibt er, welche Begriffe er gezeichnet hat. Mit seiner Zeichnung geht nun jeder zu einem Partner, der erraten soll, welche drei Begriffe auf den Zeichnungen dargestellt sind. Dann tauschen die beiden ihre Blätter aus und gehen zum nächsten Partner und so weiter, bis der Spielleiter ein Schlusssignal gibt.

Tipp

Dieses Spiel geht auch im Sitzen! Lebhafte Musik kann im Hintergrund laufen. Anschließend können die Bilder an die Wand gehängt werden, damit alle sie bewundern können.

Gruppengröße:	6 – 36 Personen oder mehr – so viele, wie sich im Raum bewegen können
Material:	Papier und Stifte für jeden
Dauer:	ca. 20 Minuten
Energielevel:	+++

Freund eines berühmten Menschen

Gemeinsam werden Porträts gezeichnet und „um die Ecke"
wird erraten, um wen es geht.

Vorschlag zur Anmoderation

*„Auch berühmte Menschen haben Freunde, die gut über sie Bescheid wissen, oft
aber der Nachwelt nicht bekannt sind. Wir werden gleich einige gute Freunde von
Berühmtheiten kennenlernen. Da wir gerne wissen möchten, wie sie ausgesehen
haben, werden wir zunächst ihre Porträts herausarbeiten."*

Und so geht es

Alle haben einen A4-Zeichenblock oder ein A4-Blatt vor sich. Als Erstes
zeichnet jeder den Umriss eines Gesichts. Dann geben alle ihr Blatt nach links
weiter und zeichnen in den vom Nachbarn weitergegebenen Gesichtsumriss
die Augen ein. Wieder geben alle das Blatt weiter und es folgt die Nase, nach
dem Weitergeben der Mund, dann die Ohren und schließlich das Haar.

Jeder Spieler hält jetzt ein fertiges Porträt in der Hand. Der Spielleiter erklärt
nun, dass es sich bei diesem Bild um den Freund oder die Freundin eines
berühmten Menschen handelt, und bittet alle Mitspieler zu entscheiden,
wessen Freund es ist. Ist das Thema beispielsweise „Künstler des Jugendstils",
so benennt der eine Spieler sein Bild vielleicht als einen Freund Max Lieber-
manns, ein anderer als einen Freund Henry de Toulouse-Lautrecs und so
weiter.

Nun stellt der Spielleiter eine Reihe von Fragen zu jeder Person, zum Beispiel:

- Wann hat der Porträtierte gelebt? (um 1900)
- Wo hat er gewohnt? (in Wien)
- Wie hat er/sie die berühmte Person kennengelernt? (Er war der Nachbar.)
- Was hält er von dem Erfolg seines Freundes? (Er bewundert ihn am meisten unter allen österreichischen Malern der Sezession.)
- Ist er neidisch? (Nein, gar nicht, denn er war selbst auch sehr erfolgreich.)
- Wo treffen sich die beiden für gewöhnlich? (beim Heurigen)

Die Mitspieler schreiben ihre Antworten auf die Rückseite des Bildes. Wenn es um eine Vertiefung des Stoffs geht, können sie hier auch noch weitere Fakten hinzufügen – ermutigen Sie sie dazu, sich von den im Raum hängenden Postern und ihren Unterlagen anregen zu lassen.

Im Anschluss daran stellt jeder „seine" Person einem Nachbarn vor, ohne den Namen der berühmten Person, deren Freund dargestellt ist, zu nennen, und lässt ihn raten, um wen es sich handelt (in unserem Beispiel um einen Freund von Gustav Klimt). Dann suchen sich alle wieder neue Partner zum Austausch – je mehr Porträts erklärt werden, desto mehr Möglichkeiten gibt es, etwas zu lernen. Nach dem Spiel werden die Porträts im Raum aufgehängt.

Diese Idee stammt von Pearl Nitsche.

Tipp
Dieses Spiel ist auch gut geeignet für den Sprachunterricht, zum Beispiel für das Üben von Zeitformen: When did he live? Where did you meet him? Und so weiter.

Gruppengröße: beliebig groß, mindestens aber 2 Personen	
Material:	Papier und Stifte
Dauer:	30 Minuten
Energielevel:	++

Pfeifenputzer

Aus Pfeifenputzern werden Symbole für neue Begriffe oder Wörter geformt, die dann erraten werden sollen.

Vorschlag zur Anmoderation

„Von Michelangelo ist überliefert, dass er seine Hände mit dem Meißel so lange den Marmor behauen ließ, bis die darin enthaltene Skulptur zum Vorschein kam. Auf ähnliche Weise können auch wir unsere Hände dazu benutzen, aus einem Material eine bestimmte Gestalt zu formen, ohne dass unser Denken uns die einzelnen Schritte diktiert."

Und so geht es

Alle Teilnehmer bekommen drei oder mehr Pfeifenputzer – schön sind die größeren, etwa 15 Zentimeter langen – und bilden aus jedem eine kleine Skulptur, die etwas mit einem der neuen Fakten, Begriffe oder Wörter zu tun hat.

In Paaren oder Kleingruppen erraten nun die anderen, welche Skulptur für welches Wort steht. Die kleinen Kunstwerke werden im Anschluss im Raum aufgestellt oder aufgehängt und können später für weitere Aktivitäten benutzt werden. So kann der Spielleiter eine Geschichte erzählen, in der die neuen

Begriffe vorkommen, und, statt den Begriff zu nennen, jeweils auf die betreffende Skulptur zeigen. Alle Teilnehmer rufen dann laut den Begriff in den Raum. Oder jedes Paar oder jede Gruppe nimmt drei oder vier Skulpturen und erfindet selbst eine Geschichte und erzählt sie dann den anderen.

Anschließend kann der Spielleiter die Skulpturen für alle sichtbar auf den Boden stellen und eine Fantasiereise im Sinne von „Stell dir vor" oder die Spiele „Was ist anders?" oder „Gemeinsamkeit" durchführen.

Tipp
Statt Pfeifenputzern kann man auch Knete für die Skulpturen verwenden.

Variation
Als Fortsetzung am nächsten Tag oder in der nächsten Sitzung eignet sich Folgendes: Wenn alle wissen, wofür die Symbole stehen, versteckt der Spielleiter vor der nächsten Stunde einige der Pfeifenputzerskulpturen. An der Tafel, am Flipchart oder auf einem großen Blatt an der Wand stehen die Begriffe, die zu den versteckten Symbolen gehören. Alle gehen nun auf die Suche nach den Gegenständen und versuchen, in der festgesetzten Zeit möglichst viele zu finden. Wer einen Gegenstand gefunden hat, notiert den Namen und wo er versteckt ist. Im Anschluss tauschen alle im Plenum ihre Fundstellen und die zugehörigen Begriffe aus, und die Gegenstände werden nacheinander aus ihren Verstecken geholt und vorne im Raum oder auf dem Boden aufgestellt.

Gruppengröße:	beliebig groß, mindestens aber 2 Personen (bei kleineren Gruppen stellt jeder eine größere Anzahl von Skulpturen her)
Material:	mindestens 3 Pfeifenputzer für jeden
Dauer:	15–20 Minuten
Energielevel:	++

Memory – klassisch und anders

Paare von neuen Wörtern, Begriffen oder Sätzen
und die zugehörigen Symbolen sollen wiedergefunden werden.

Vorschlag zur Anmoderation
„Viele von Ihnen haben bestimmt als Kind öfter Memory gespielt oder spielen es vielleicht auch jetzt immer wieder einmal. Wir wollen uns jetzt in dieses Vergnügen stürzen und das Spiel dazu benutzen, unseren neuen Stoff im Gedächtnis zu verankern.“

Und so geht es
Zweier-, Dreier- oder Vierergruppen stellen sich je 14 Kärtchen her: Sieben Kärtchen mit unterschiedlichen Wörtern oder Begriffen aus dem neuen Lernstoff und sieben Kärtchen, auf die sie Symbole zu den Begriffen zeichnen. Dabei sollen die Teilnehmer zunächst miteinander besprechen, welche Symbole passen könnten. Es gibt viele Möglichkeiten, und alle sind richtig, denn Assoziationen sind immer subjektiv! Dann zeichnet jeder in der Gruppe einige der Kärtchen.

Wenn alle Karten fertig sind, werden sie umgedreht, gemischt, und los geht es mit dem Memory-Spiel.

Tipp
Ein Blatt mit allen Begriffen sollte immer griffbereit sein, damit die Teilnehmer es zu Rate ziehen können.

Variationen
Alle Kärtchen liegen offen und sortiert auf dem Tisch, also jedes Symbol neben oder unter seinem Begriff. Alle in der Gruppe schließen die Augen, während der Spielleiter einige der Karten vertauscht. Danach versuchen alle Mitspieler möglichst rasch zu erkennen, welche Kärtchen vertauscht wurden.

Als Fortsetzung am nächsten Tag oder in der nächsten Sitzung eignet sich Folgendes: Jede Gruppe tauscht ihre Karten mit einer anderen Gruppe aus, ordnet zunächst die Karten zu Paaren und spielt dann mit den neuen Karten Memory. Wenn nun beide Paare die Begriffe und die passenden Symbole kennen, können sie sich zu dritt oder zu viert zusammensetzen, alle Karten – etwa 15 Paare – mischen und das folgende Spiel spielen. Jeder bekommt fünf Karten. Wenn die Teilnehmer Paare bekommen haben, so dürfen sie diese Karten zur Seite legen und neue Karten ziehen. Das Spiel beginnt. Der erste Spieler ist entweder der, der als Nächster Geburtstag hat (oder der mit den kürzesten Haaren oder Ähnliches). Das Spiel läuft im Uhrzeigesinn. Der Erste fragt den anderen, ob der eine Karte hat, die zu einer in seiner Hand passt, zum Beispiel „Hast du ‚Frankreich' für mein ‚Paris'?". Wenn dieser Spieler die passende Karte bekommt, legt er dieses Paar zur Seite und darf eine neue Karte vom Stapel ziehen. Der nächste Spieler ist dran. Das Spiel geht weiter, bis alle Karten weg sind. Der mit den meisten Paaren hat gewonnen.

Eine weitere Variation

Jede Kleingruppe ergänzt ihre Memory-Karten jeweils um eine dritte Karte, auf die die Definition der Begriffe geschrieben wird. Nun gibt es also drei zueinander passende Karten anstatt nur zwei! Alle Karten werden gemischt und verdeckt ausgelegt. Wenn ein Teilnehmer ein zusammengehöriges Paar (entweder Begriff plus Beschreibung oder Begriff plus Symbol oder Beschreibung plus Symbol) gefunden hat, legt er die beiden Karten so an die Seite, dass alle Spieler sie sehen können. Sobald die dritte dazugehörige Karte erscheint, versuchen die Spieler, sie rasch zu schnappen. Wer sie erwischt, bekommt alle drei Karten und darf dann weiterspielen. Lassen Sie das Spiel spielen, bis die erste Gruppe fertig ist.

Gruppengröße:	beliebig, mindestens aber 2 Personen
Material:	Kärtchen und Stifte
Dauer:	ca. 20–30 Minuten
Energielevel:	++

Marionette

Wörter oder Begriffe werden mit einem Partner als „Marionette"
dargestellt und sollen erraten werden.

Vorschlag zur Anmoderation

*„Das Spiel mit Marionetten ist eine wunderbare Möglichkeit, mit unserer
Fantasie die Welt als ein anderes Wesen zu erleben. Mit unserer nächsten Übung
lade ich Sie dazu ein, sich in eine Marionette zu versetzen und zu erspüren,
welches Element aus dem neuen Lernstoff Ihr Marionettenspieler durch Sie
ausdrücken möchte."*

Und so geht es

Die Teilnehmer finden sich als „Marionettenspieler" und „Marionette" zusammen. Der Marionettenspieler sucht sich aus den neuen Wörtern an der Tafel oder Pinnwand eines aus, zum Beispiel „klettern" und bewegt nun die Arme des Partners so, als würde dieser klettern. Der Partner rät, welche Bewegung er als Marionette seines Partners durchführt. Dann tauschen die beiden ihre Rollen.

Tipp

Dieses Spiel eignet sich für Gruppen, in denen Berührungen üblich und akzeptiert sind. Durch die Art und Weise, wie der Spielleiter das Spiel erklärt und demonstriert, vermittelt er, dass der „Marionettenspieler" einfühlsam und achtsam mit seiner „Marionette" umgeht und sie ihm vertrauen kann. Der Spielleiter sollte für dieses Spiel genügend Zeit geben.

Variation

Blinde Marionette: Der „Marionettenspieler" sucht sich aus dem neuen Stoff drei Lieblingsbegriffe aus. Die „Marionette" hat die Augen geschlossen und errät allein durch die Bewegungen, die sie spürt, welchen Begriff sie darstellt. Dann tauschen beide die Rollen.

Gruppengröße:	beliebig groß, wenn alle den neuen Lernstoff lesen können, mindestens aber 2 Personen
Material:	neuer Lernstoff an der Tafel, Wand oder Pinnwand
Dauer:	10–15 Minuten
Energielevel:	+++

Pantomimenwettstreit

Gruppen raten um die Wette pantomimisch dargestellte neue Wörter,
Begriffe oder Sätze.

„Spielen ist die Triebfeder,
die es uns ermöglicht, auch als Erwachsene
noch zu entdecken."

PAOLA NOVARESIO

Vorschlag zur Anmoderation

*„Wie wir schon bei anderen Spielen und Übungen festgestellt haben, wirkt sich
die Verbindung von Lernen und Bewegung deutlich auf das Gedächtnis aus. Wir
kennen das vom Fahrradfahren, Tanzen, Musizieren: Einmal gelernt, behalten
wir diese Dinge viel länger oder für immer, einfach deshalb, weil wir sie getan
haben. Mit diesem Effekt, den wir Körpergedächtnis nennen, wollen wir jetzt ein
wenig experimentieren."*

Und so geht es

Zwei Gruppen von drei bis zehn Spielern treten gegeneinander an. Die neuen Wörter und Begriffe hängen für alle sichtbar an der Tafel oder Pinnwand. Jede Gruppe schickt einen Spieler nach vorn. Auf ein akustisches Signal hin – Gong oder Glocke – stellen die beiden vor ihrer Gruppe gleichzeitig eines der neuen Wörter pantomimisch dar. Die Gruppe soll erraten, welches Wort es ist. Die ganze Gruppe darf gleichzeitig raten und jeder ruft seine Ideen laut nach vorn. Lautstärke und Durcheinanderrufen ist erwünscht! Für die richtige Lösung bekommt die Gruppe einen Punkt. Wenn die erste Pantomime erraten ist, wird der nächste in der Gruppe zum Darsteller.

Die Gruppen versuchen, in möglichst kurzer Zeit möglichst viele Pantomimen zu erraten. Das Spiel endet, wenn alle Mitglieder der ersten Gruppe dran waren – gleich große Gruppen bilden! –, oder nach einer festgesetzten Spielzeit, zum Beispiel fünf Minuten. Je nach Lust kann das Spiel wiederholt werden.

Tipp

Dieses Spiel erfordert vom Spielleiter hohe Präsenz und Entschiedenheit.

Gruppengröße:	6–20 Personen; je kleiner die Gruppe, desto mehr Runden kann man spielen
Material:	neuer Lernstoff an Tafel oder Pinnwand
Dauer:	15–20 Minuten
Vorbereitung:	ein gut strukturiertes Setting durchdenken: Wo stehen die Gruppen, wo die Darsteller? Wie werden die Punkte gezählt?
Energielevel:	+++

Wo zieht es dich hin?

Die Spieler identifizieren sich mit dem neuen „Namen"
und lassen sich an einen von drei Orten ziehen.

> „Die Fähigkeit,
> anders wahrzunehmen
> und anders zu denken
> ist wichtiger
> als erworbenes Wissen."

DAVID BOHM

Vorschlag zur Anmoderation
„Haben Sie das schon einmal erlebt: Sie betreten ein Zimmer oder ein Restaurant oder gehen eine Straße oder einen Waldweg entlang und fühlen sich von einer bestimmten Stelle fast magisch angezogen – vielleicht ohne dass Sie so genau wissen warum? Dieses intuitive Hingezogensein zu einer bestimmten Stelle wollen wir in der folgenden Übung nutzen."

Und so geht es
Alle tragen einen Begriff aus dem neuen Lernstoff als „Namensschildchen" – wie in „Vernetzen im Kreis" oder „Mein rechter, rechter Platz ist leer" – und sind damit je nach Thema zum Beispiel ein Powerpointbefehl, ein unregelmäßiges englisches Verb, ein Buchstabe des Morsealphabets, ein amerikanischer Präsident oder ein Begriff aus dem Versicherungswesen. Der Spielleiter definiert drei Stellen im Raum als je eine bestimmte Örtlichkeit, zum Beispiel die hintere linke Ecke als Zugabteil, die hintere rechte Ecke als einsame Insel, den Raum vor der Tafel als dunkler Wald.

Nun geht jeder Mitspieler an denjenigen der drei Orte, von dem er meint, dass er von seinem „Namen" her am besten zu ihm passt. Mit den anderen dort

Versammelten unterhält er sich darüber, warum es jeden von ihnen gerade an diesen Ort gezogen hat und welche Gemeinsamkeiten sie alle haben. Sie überlegen gemeinsam, was für ein Gespräch an diesem Ort zwischen ihnen entstehen würde, und führen eine Unterhaltung. „Bill Clinton", „John F. Kennedy" und „Ronald Reagan" könnten sich zum Beispiel „in einer Bar" darüber unterhalten, wie ihr Leben verlaufen wäre, wenn sie nicht Präsidenten geworden wären. Im Anschluss können die Gruppen einen Ausschnitt aus ihrer Unterhaltung im Plenum präsentieren.

Für eine zweite Runde kann der Spielleiter neue Orte benennen und das Spiel noch einmal starten. Lassen Sie Ihrer Fantasie, was die Orte anbetrifft, freien Lauf. Lassen Sie ein Theater, ein Schwimmbad und ein Flugzeug entstehen oder ein Nobelrestaurant, einen Regenschirm und den Meeresgrund oder eine Oase, ein Hexenhäuschen und einen Berggipfel – je unterschiedlicher die Orte, desto freier kann sich die Assoziationsfähigkeit der Mitspieler entfalten.

Tipp
Je nach Lernziel können Sie die Schwerpunkte dieses Spiels unterschiedlich setzen. Möchten Sie beispielsweise im Sprachunterricht die Lernenden dazu ermutigen, neues Vokabular möglichst frei auszuprobieren, dann lassen Sie viel Raum für Assoziation und Fantasie. Wenn Sie es zur Vertiefung von Fakten einsetzen möchten, ermutigen Sie die Mitspieler dazu, möglichst viele Details zu benutzen. Stellen Sie Möglichkeiten zum Nachsehen (Poster) oder Nachschlagen (Bücher) bereit! Im Anschluss an die Präsentationen der Unterhaltungen im Plenum können Sie mit der Gruppe zum Beispiel diskutieren, welche der gehörten Aussagen auf Fakten beruhen und welche auf Annahmen.

Gruppengröße: ca. 8–30 Personen	
Material:	Informationen auf Kärtchen, Tesakrepp
Dauer:	ca. 20 Minuten
Energielevel:	++ bis +++

Gemeinsamkeiten

Neue Begriffe werden in Kategorien eingeordnet und die Kategorien sollen erraten werden.

> „Etwas Gescheiteres
> kann einer doch nicht treiben
> in dieser schönen Welt
> als zu spielen.
> Mir kommt das ganze Leben vor
> wie ein Spiel."
>
> Henrik Ibsen

Vorschlag zur Anmoderation

„Stellen Sie sich vor, Sie kommen in ein Lebensmittelgeschäft und alle Waren sind auf dem Boden ausgebreitet. Wie lange würden Sie wohl zum Einkaufen brauchen? Wenn wir uns Dinge leicht und schnell merken wollen, fassen wir sie gern in Gruppen oder Kategorien zusammen. Dafür gibt es viele verschiedene Möglichkeiten, so wie jedes Lebensmittelgeschäft seine Waren unterschiedlich sortiert. Wir wollen jetzt das Gruppieren und Einordnen benutzen, um uns den neuen Wissensstoff anzueignen. Und damit unser Gehirn sich angesprochen fühlt, soll es auch Spaß machen!"

Und so geht es

Zusammen mit den Teilnehmern findet der Spielleiter Kategorien, in die sich die neuen Begriffe, Fakten oder Wörter einordnen lassen, zum Beispiel die schönsten Begriffe, die nützlichsten Begriffe, die am seltensten gebrauchten Begriffe, Wörter, die mit demselben Buchstaben anfangen, Sätze, die aus gleich vielen Wörtern bestehen, und so weiter.

In Kleingruppen oder Paaren wählen die Teilnehmer nun drei Kategorien aus – oder erfinden neue – und sortieren die neuen Fakten oder Begriffe, die an der Tafel oder Pinnwand stehen, auf einem A4-Blatt in diese Kategorien ein, ohne die Kategorien dazuzuschreiben. Dann tauschen die Kleingruppen ihre Blätter aus und erraten, welches die Kategorien für die drei Gruppen von Begriffen sein könnten.

Noch mehr Energie entsteht, wenn die Kleingruppen nicht im Sitzen ihre Blätter tauschen, sondern ihre Blätter auf dem Tisch liegen lassen, selbst aufstehen und mit einer anderen Gruppe den Platz tauschen. Die Gruppen können sich auch im Uhrzeigersinn weiterbewegen. Jede Gruppe kann ihr Rate-Ergebnis und ihren Teamnamen auf das bearbeitete Blatt schreiben.

Tipp
Achten Sie auf das Timing. Wenn Sie sehen, dass die ersten Gruppen fast fertig sind, ermutigen Sie die anderen, zum Schluss zu kommen, oder nennen Sie die Zeit, die noch zur Verfügung steht.

Variation
Ist genügend Platz vorhanden, so können zum Beispiel jeweils Fünfergruppen auf ein Flipchart-Blatt schreiben, dies dann an eine Pinnwand oder an die Wand hängen und dann zu drei bis vier weiteren Flipchart-Stationen im Raum gehen, um dort die Kategorien der anderen Gruppen zu erraten.

Gruppengröße:	bei ausreichend großem Raum beliebig groß, mindestens aber 2 Personen
Material:	Papier und Stifte
Dauer:	20–30 Minuten
Energielevel:	++

Welches Wort passt nicht?

Aus einer Liste soll das Wort herausgefunden werden, das nicht zu den anderen passt.

„Spielen ist eine Tätigkeit, die man gar nicht ernst genug nehmen kann."

JAQUES-YVES COUSTEAU

Vorschlag zur Anmoderation

„Sie kennen vielleicht die Spiele aus dem Gehirnjogging, bei denen es gilt, aus mehreren Gruppen von kleinen Figuren jeweils die eine herauszusuchen, die nicht zu den anderen passt. Haben Sie schon einmal überlegt, wer sich wohl solche Aufgaben ausdenkt? Die Aufgabenerfinder sind heute Sie! Anstelle von kleinen Figuren geht es bei uns um Wörter und Begriffe.“

Und so geht es

Wie im Spiel „Gemeinsamkeiten“ sortieren die Kleingruppen die neuen Begriffe in drei (bis etwa fünf) verschiedene Kategorien, schmuggeln aber in jede Liste einen Außenseiter ein, der nicht dazu passt. Die Aufgabe für die nächste Kleingruppe besteht darin, nun den Begriff herauszufinden, der nicht passt. Im Anschluss daran folgt ein Austausch im Plenum.

Tipp

Achten Sie auf das Timing. Wenn Sie sehen, dass die ersten Gruppen fast fertig sind, ermutigen Sie die anderen, zum Schluss zu kommen oder geben Sie ihnen den Hinweis, wie viel Zeit sie noch haben, zum Beispiel noch eine Minute.

Gruppengröße:	bei ausreichend Platz beliebig groß, mindestens aber 6 Personen
Material:	Papier und Stifte
Dauer:	20–30 Minuten
Energielevel:	++

Es macht Sinn

Sinneswahrnehmungen zu neuen Wörtern, Begriffen, Daten
oder Fakten sollen assoziiert werden und diese über die Assoziationen
erraten werden.

Vorschlag zur Anmoderation

*„Da wir neue Informationen am besten über unsere Sinne aufnehmen, wäre es
sehr sinnvoll, neues Wissen mit allen Sinnen wahrzunehmen. Wie uns das dazu
helfen kann, neues Wissen im Gedächtnis zu speichern, das wollen wir jetzt gleich
ausprobieren."*

Und so geht es

Der neue Lernstoff, zum Beispiel „Berühmte Komponisten", ist für alle sichtbar an der Tafel oder Pinnwand. Bitten Sie die Mitspieler, sich einen der Begriffe auszusuchen und die Antworten auf folgende Fragen zu notieren:

- Welcher Geruch oder Duft fällt Ihnen zu Ihrem Begriff ein? (zum Beispiel „Kaffee")
- Welcher Geschmack kommt Ihnen auf die Zunge, wenn Sie an ihn denken? (zum Beispiel „Wiener Schnitzel")
- Was hören Sie, wenn Sie an ihn denken? (zum Beispiel „$^3/_4$ Takt")
- Was sehen Sie, wenn Sie an ihn denken? (zum Beispiel „einen Schnurrbart")
- Was spüren Sie, wenn Sie an ihn denken? (zum Beispiel „einen Tanz") *

Alle wenden sich nun einem Nachbarn zu und lesen diesem ihre Antworten auf die Fragen vor. Der Nachbar rät, um welchen Begriff es geht. (In unserem Beispiel könnte es Schubert sein, aber er trug keinen Schnurrbart. Vielleicht Richard Strauß? Das könnte sein, aber wie steht es mit dem „Tanz"? Aha, es müsste Johann Strauß sein!) Ein kurzes Gespräch über die Gründe für die Antworten kann folgen.

Dann wenden sich beide einem neuen Nachbarn zu und lassen auch ihn raten. Zum Abschluss fragen Sie im Plenum danach, welche besonders interessanten, faszinierenden oder absurden Sinneswahrnehmungen vorgekommen sind. Behalten Sie beim Austausch den Aufmerksamkeitsgrad, die Beteiligung und die Energie der Gruppe im Blick.

Tipp
Wenn jemand nicht alle Fragen beantworten kann, schadet das nichts – das Ratespiel wird für den Partner dadurch ein wenig herausfordernder.

Gruppengröße:	beliebig groß, geht aber auch zu zweit oder viert
Material:	neuer Lernstoff an Tafel oder Pinnwand
Dauer:	ca. 10 Minuten
Energielevel:	++

* Weitere Beispiele:

Thema: Gruppen des Periodensystems in der Chemie
- Wenn Sie an „Ihren" Begriff denken – was würden Sie riechen? (zum Beispiel metallischen Geruch)
- Was könnten Sie schmecken? (zum Beispiel metallischen Geschmack)
- Was könnten Sie hören? (zum Beispiel einen lauten Knall)
- Was könnten Sie sehen? (zum Beispiel eine Explosion)
- Wie würde sich der Begriff anfühlen? (zum Beispiel weich)
- Die Antwort: Alkalimetalle

Thema: Europäische Länder
- Wenn „Ihr" Begriff einen Geruch hätte – welcher wäre das? (zum Beispiel Knoblauch)
- Wenn er einen Geschmack hätte – welcher könnte es sein? (zum Beispiel Trüffel)
- Was würden Sie hören? (zum Beispiel rhythmische Sprache)
- Was würden Sie sehen? (zum Beispiel Berge, Seen, Ruinen)
- Wie würde er sich anfühlen? (zum Beispiel warm)
- Die Antwort: Italien

Streifenmode

Dieses Spiel hat zum Ziel, sich in einen Begriff hineinzuversetzen, sich selbst zu beschreiben und die Beschreibungen anderer zuzuordnen.

Vorschlag zur Anmoderation
„Man könne in einer Stunde Spiel mehr über einen Menschen erfahren als in einem ganzen Jahr des Redens, hat Plato gesagt. Jetzt kommt gleich ein Spiel, bei dem wir viel übereinander, aber auch über uns selbst in unsrer neuen Identität lernen können."

Und so geht es
Jeder hat sich eine Karte mit einem Begriff oder Wort des neuen Lernstoffs als „Namensschildchen" angeheftet und bekommt sechs Papierstreifen. Auf jeden dieser Streifen wird möglichst gut lesbar je ein Satz über sich selbst in der neuen Identität (zum Beispiel Lenkrad) geschrieben, etwa: „Ich bin rund." Und: „Ich befinde mich vorn im Auto." Und so weiter. Dann werden alle Streifen verdeckt in eine Schachtel, eine Tasche oder Ähnliches gelegt und gemischt. Jeder Mitspieler zieht sechs Streifen aus der Schachtel. Wenn er

einen seiner eigenen Streifen gezogen hat, tauscht er ihn gegen einen anderen ein.

Nun gehen alle durch den Raum und suchen mit Fragen die Schreiber der Sätze, die sie in der Hand halten. Haben sie den Richtigen gefunden, so kleben sie ihm den Satz mit einem Stück Tesakrepp an, zum Beispiel an die Hand, auf die Schulter, auf den Rücken oder eine andere Stelle, die das Gegenüber ihnen vorschlägt. Wenn alle mit ihren Sätzen „bekleidet" sind, setzen sie sich und lesen die Streifen eines ihrer Nachbarn. Geben Sie genügend Zeit, damit alle ihren Nachbarn besser kennenlernen können!

Im Anschluss stellt jeder seinen Nachbarn der ganzen Gruppe vor.

Tipp
Um den Teilnehmern Anregungen für ihre Sätze zu geben oder die Übung stärker zu strukturieren, kann der Spielleiter sechs Fragen anschreiben, die beantwortet werden sollen, zum Beispiel, wenn es um berühmte Personen geht: „Wo bist du geboren?", „Wie lange gibt es dich schon?", „Wie lange hast du gelebt?", „Was ist das Spannende an dir?", „Und was wäre, wenn es dich nicht gäbe?". Die Antworten auf diese Fragen werden – in ganzen Sätzen – auf die Streifen geschrieben. Ein weitere Tipp: Das Spiel ist besonders gut für den Sprachunterricht geeignet, wenn Sie Fragen oder Zeitformen üben wollen: „How long have you lived?", „Where were you born?", „When did you meet …?" und so weiter.

Nach einer Idee von Pearl Nitsche.

Gruppengröße:	mindestens 6 Personen, nicht mehr als 10 Personen
Material:	Papierstreifen, eventuell eine Liste mit Fragen, Tesakrepp
Dauer:	20–30 Minuten
Energielevel:	++ bis +++

Gut gemischt

Prozessschritte sollen identifiziert, benannt und in die richtige Reihenfolge gebracht werden.

Vorschlag zur Anmoderation
„Wir alle haben eine Seite in uns, die in die logische Ordnung der Dinge geradezu verliebt ist. Dieser Teil in uns wird die folgende Übung sehr gern mögen."

Und so geht es
Die Teilnehmer haben die Schritte verschiedener Prozesse gelernt, zum Beispiel Abläufe in Word, Excel oder Powerpoint, und sitzen nun zu zweit oder in Kleingruppen zusammen. Jedes Paar oder jede Kleingruppe bekommt als Aufgabe einen dieser Prozesse zugeteilt, zum Beispiel „Excel starten" oder „Kopf- und Fußzeilen einrichten", und mehrere leere Papierstreifen. Auf diese Streifen schreiben sie nun die einzelnen Arbeitsschritte – ohne sie zu nummerieren. Dann werden die Streifen gemischt und der nächsten Gruppe weitergereicht.

Gemeinsam bringt die Gruppe nun die neuen Streifen in die richtige Reihenfolge. Dafür sollte die richtige Abfolge auf einem Poster oder Textblatt zur Verfügung stehen. Anschließend verändert die Gruppe die richtige Reihenfolge wieder ein wenig – nicht zu sehr –, nimmt eventuell auch einen Streifen heraus und lässt dann das Ergebnis auf dem Tisch liegen.

Alle gehen eine Kleingruppe weiter, zum Beispiel im Uhrzeigersinn, und bringen die dort liegenden Streifen wieder in die richtige Ordnung und finden heraus, ob ein Schritt fehlt. Zum Schluss kehren alle an ihren ursprünglichen Tisch zurück und schauen, ob die letzte Gruppe wieder die richtige Reihenfolge hergestellt hat.

Variation

Anstelle der Schritte eines Ablaufs bekommen die Kleingruppen Listen mit Wörtern, Daten, Formeln und so weiter oder stellen sie selbst her. In diesen Listen sind einzelne Buchstaben oder Ziffern durcheinandergebracht worden. In einer vorgegebenen Zeit sortieren die Lernenden entweder allein oder in Kleingruppen das Material wieder in die richtige Reihenfolge.

Gruppengröße:	mindestens 6 Personen
Material:	Papierstreifen
Dauer:	ca. 20 Minuten
Energielevel:	+ bis ++

Wer bin ich?

Durch Ja-Nein-Fragen soll die „neue Identität" herausgefunden werden.

„Heimat ist nicht, wo du lebst, sondern wo du verstanden wirst."

CHRISTIAN MORGENSTERN

Vorschlag zur Anmoderation

„Wir alle wissen ganz genau, wer wir sind. Wenn wir es nicht wüssten, würden wir vermutlich alles dransetzen, um herauszufinden, wer wir sind, besonders, wenn unsere Mitmenschen es offenbar ganz genau wissen. Finden wir doch gleich mal heraus, wie schnell es uns gelingt, unsere neue Identität zu benennen."

Und so geht es

Jeder Mitspieler bekommt vom Spielleiter ein „Namensschildchen" auf den Rücken geheftet und hat nun eine neue Identität, die ihm selbst noch unbekannt ist, die aber alle anderen lesen können. Alle wandern gleichzeitig im Raum herum und finden durch Ja-Nein-Fragen, die sie anderen stellen, heraus, wer sie selbst sind. Es dürfen bis zu drei Fragen an dieselbe Person gerichtet werden, beispielsweise: „Komme ich aus …?", „Lebe ich in …?", „Bin ich wichtig, weil …?".

Wer herausgefunden hat, wer er ist, gesellt sich einem Mitspieler zu, der seine Identität noch nicht erraten hat, und darf ihm mit „Ein-Wort-Tipps" helfen.

Tipp

Das Spiel eignet sich besonders gut für historische Figuren, kann aber auch bei allen möglichen Sachthemen zum Beispiel im EDV-Training („Software", „Maus", „Menü", „Zwischenablage" und „Ansicht") die Kreativität enorm anregen und dadurch das Abspeichern und Behalten sichern.

Gruppengröße:	mindestens 6 Personen
Material:	„Namensschildchen"
Dauer:	ca. 15 Minuten
Energielevel:	++

Lückenfüller

Lückentexte sollen hergestellt und ausgelassene Zeichen
in Lückentexten von anderen sollen ergänzt werden.

Vorschlag zur Anmoderation
*„Gehirntrainer wissen, dass Rätselspiele wie Kreuzworträtsel, Sudoku und
andere unser Gehirn jung und aktiv erhalten! Die folgende Übung wird Ihr
Gehirn stimulieren und uns gleichzeitig eine Gelegenheit geben, das neu Gelernte noch einmal aufzufrischen."*

Und so geht es
Alle haben ein Blatt mit dem Lernstoff. Allein, in Paaren oder in Kleingruppen suchen sich die Mitspieler 10 bis 15 Begriffe aus. Auf einem leeren Blatt
bereiten sie eine Zeile für jeden dieser Begriffe vor und tragen den Begriff mit
einigen Auslassungen ein (zum Beispiel: „L_c__nf_ller"). Sie reichen ihr
Lückenblatt im Uhrzeigersinn an die benachbarte Kleingruppe weiter, die

nun in einer Minute so viele Lücken füllen muss, wie sie kann. Dann wird das Blatt noch einmal im Uhrzeigersinn weitergereicht, und die nächste Gruppe füllt weitere Lücken. Wie schnell ist die erste Gruppe fertig?

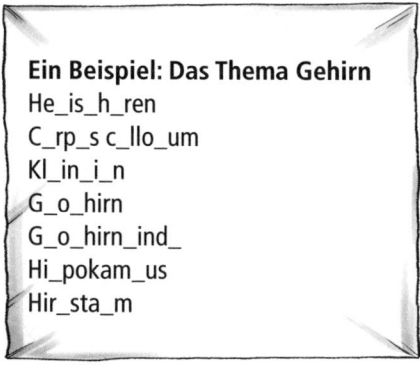

Ein Beispiel: Das Thema Gehirn
He_is_h_ren
C_rp_s c_llo_um
Kl_in_i_n
G_o_hirn
G_o_hirn_ind_
Hi_pokam_us
Hir_sta_m

Gruppengröße: 3–99 Personen	
Material:	vorbereitete Blätter mit Begriffen, leere Blätter
Dauer:	ca. 20 Minuten
Energielevel:	++

E. T. sucht einen Freund

Begriffe sollen so beschrieben werden, dass sich der Träger
des Begriffs erkennt.

Vorschlag zur Anmoderation

*„Ein entspanntes, gut gelauntes Gehirn ist aufnahmebereiter, kreativer und
merkfähiger – das hat der bekannte Gehirnforscher Manfred Spitzer herausgefunden. Lassen Sie uns doch unser Gehirn durch das nächste Spiel in einen
entspannten Zustand und in gute Laune versetzen!"*

Und so geht es

Alle tragen eine Karte mit einem Begriff oder einer Formel des neuen Lernstoffs als „Namensschildchen" und stellen sich in einem Kreis auf. Ein Frei-
williger übernimmt die Rolle des Außerirdischen E. T., der auf der Suche nach
einem Freund ist. Er wandert um den Kreis herum, tippt einen der Mitspieler auf den Rücken und fragt: „Hast du meinen Freund gesehen?" Der Mitspieler fragt zurück: „Was kannst du mir über deinen Freund erzählen?" E.T.
beschreibt nun einen der Mitspieler aus dem Kreis: „Er ist der viertgrößte
Staat der Erde. Er reicht vom Äquator nach Norden und nach Süden. Seine
Flüsse sind sehr wasserreich, haben aber viele Stromschnellen." Sobald der
Mitspieler, der „Brasilien" ist, sich in der Beschreibung erkannt hat, läuft
er außen um den Kreis, weg von E.T. Wenn E.T. ihn fangen kann, bevor „Brasilien" seinen Platz wieder erreicht hat, wird er der neue E.T. Wenn E.T.
dreimal hintereinander niemanden fängt, tauscht er den Platz mit einem
der Mitspieler aus dem Kreis, und dieser wird E.T.

Gruppengröße:	ca. 8 Personen pro Kreis
Material:	„Namensschildchen"
Dauer:	ca. 10 Minuten
Energielevel:	+++

Zusammenholen und integrieren

Mit diesen Spielen lässt sich der gesamte Lernstoff
aktiv wiederholen und integrieren.

Um die Wette lesen

Karten mit neuen Begriffen, Sätzen, Daten oder Fakten
werden von allen möglichst rasch gelesen und weitergereicht.

„Der Mensch spielt nur,
wo er in voller Bedeutung des Wortes Mensch ist,
und er ist nur da ganz Mensch,
wo er spielt."

FRIEDRICH SCHILLER

Vorschlag zur Anmoderation

„Neu Gelerntes zu wiederholen, hilft der Vertiefung und der Speicherung im Langzeitgedächtnis. Manchmal reicht es, das neue Wissen einfach noch einmal laut vorzulesen. Das wollen wir jetzt ausprobieren."

Und so geht es

Jeder hat eine Karte mit einem neuen Wort, Begriff oder Satz oder ein Symbol dafür in der Hand, und die Teilnehmer sitzen in Gruppen zu viert bis sechst zusammen. Das Ziel ist, dass nach dem Startsignal jeder Teilnehmer jede Karte einmal in die Hand genommen und laut gelesen hat und dass schließlich alle Karten, nachdem sie auch bei den anderen Gruppen waren, an einem festgelegten Ort, zum Beispiel auf der Fensterbank, auf einem Hocker oder in der Hand des Spielleiters landen. Das soll möglichst schnell geschehen – der Spielleiter misst die Zeit.

Starten Sie die erste Runde, bevor sich die Gruppe Gedanken um mögliche Strategien machen kann.

Nach der ersten Runde wird besprochen, wie sich das Ziel schneller erreichen lässt, zum Beispiel, indem sich alle näher zueinander setzen oder indem immer eine bestimmte Person die Karten an den Tisch der anderen Gruppe weiterreicht. Dann wird die zweite Runde gespielt und die Zeit gestoppt. Auf Wunsch kann noch eine dritte Runde gespielt werden. Meistens reichen zwei.

Gruppengröße:	beliebig groß, bei kleinere Gruppen können die Karten zwei- oder dreimal herumgereicht werden
Dauer:	15 Minuten
Material:	Kärtchen mit neuem Lernstoff, Stoppuhr
Energielevel:	+++

Bazar

Kärtchen mit neuen Begriffen, Fakten, Wörtern werden getauscht und gehandelt.

„Man kann in einer Stunde Spiel mehr
über einen Menschen erfahren
als in einem ganzen Jahr des Redens."

PLATO

Vorschlag zur Anmoderation

„Was spielt sich denn eigentlich auf einem Bazar ab? Vielleicht waren Sie noch nie auf einem Bazar, aber sicher können Sie sich das Leben und Treiben dort vorstellen. Was vermuten Sie, was sich dort abspielt? Da wird also getauscht, gefeilscht, gehandelt und jeder versucht, für seine wertvollen Güter den besten Preis zu bekommen. In der folgenden Übung werden wir genau das tun."

Und so geht es

Die Mitspieler schreiben drei wichtige Fakten, Definitionen oder Begriffe auf je eine Karte. Dann stehen alle auf und gehen zu verschiedenen Gruppenmitgliedern und sagen ihnen, was auf ihren drei Karten steht, ohne diese zu zeigen, und erklären ihnen, warum ihnen diese Begriffe so viel wert sind. Wenn ihnen ein Begriff eines anderen Spielers besonders gut gefällt und sie ihn haben möchten, können sie ein Angebot machen, um diese Karte zu bekommen, zum Beispiel eine von ihren Karten abgeben. Es können auch zwei Karten für eine besonders wichtige Karte eingetauscht werden.

Wenn genug getauscht wurde, setzen sich wieder alle und es folgt ein Austausch darüber, wer mehr Karten hat als zuvor und welche das sind, wer weniger Karten hat, wer gar keine mehr hat, und welche Karten aus welchem Grund abgegeben wurden.

Gruppengröße: bis zu 30 Personen, mindestens aber 6 Personen	
Material:	Kärtchen
Dauer:	20–30 Minuten
Energielevel:	+++

In Szene setzen

Neue Wörter, Begriffe, Fakten oder Sätze werden in ein
nach Angaben gemaltes Bild gesetzt.

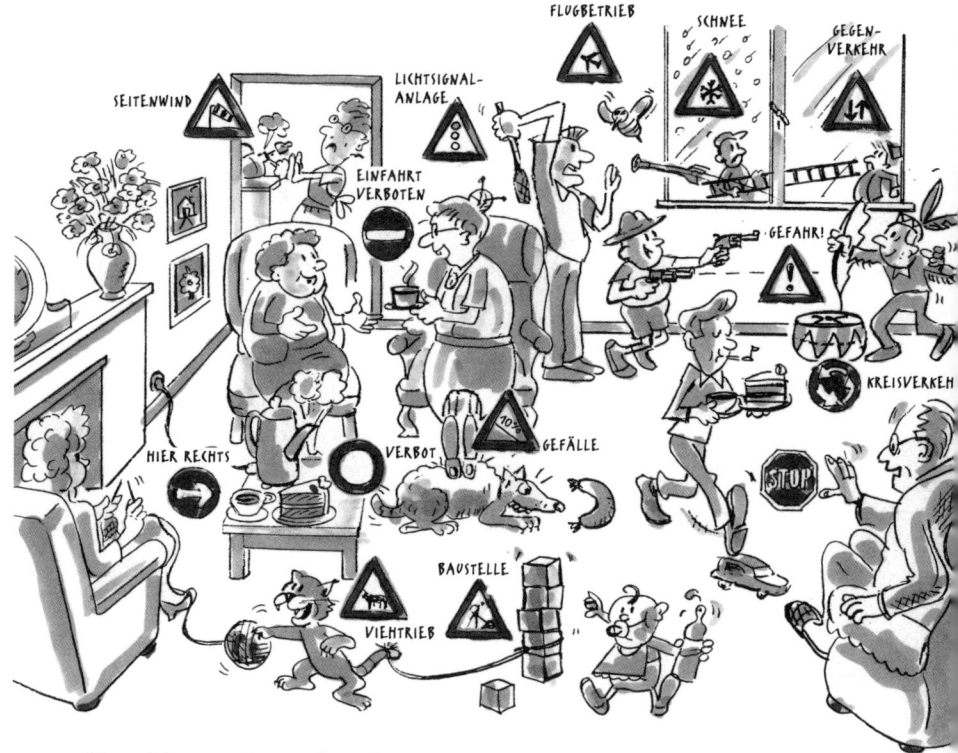

Vorschlag zur Anmoderation

*„Den neuen Wissensstoff über Assoziationen mit Gegenständen zu verbinden,
ist eine hervorragende Übung, die das Wachstum der Dendriten fördert – Sie
wissen schon, Dendriten sind die Zytoplasmafortsätze der Nervenzellen, die zur
Aufnahme von synaptisch übertragenen Informationen dienen. Dieses Wachstum der Dendriten können wir in unserer nächsten Übung anregen."*

Und so geht es

Alle Mitspieler haben ein großes Blatt und einen Stift oder mehrere bunte
Stifte. Der Spielleiter beschreibt nun ein Bild, beispielsweise eine Seite aus
einem Bilderbuch, einen Kunstdruck, eine Zeichnung, eine Fotografie oder

eine eigens für diesen Zweck gefertigte Skizze, mit vielen Details – etwa ein Zimmer mit verschiedenen Möbeln, eine Landschaft mit Bergen, Seen, Straßen und Bäumen, einen Garten mit Zaun, Gartentür, Blumen, Gießkanne oder einen Fußballplatz mit Tor, Mittellinie, Spielern, Zuschauertribüne. Er beschreibt das Bild so langsam, dass die Mitspieler diese Szene malen oder zeichnen können. Wenn alle fertig sind, vergleichen sie ihre Bilder.

Dann fordert der Spielleiter sie auf, möglichst viele Einzelheiten des Lernstoffs in ihrer Zeichnung unterzubringen, und zwar an Stellen, die sie mit diesen Wörtern, Begriffen, Fakten und so weiter in Verbindung bringen oder assoziieren. Sie können dazu kleine Fähnchen zeichnen und sie mit den Begriffen beschriften.

Im Anschluss daran werden die verschiedenen Bilder zu zweit oder in kleinen Gruppen betrachtet, und die Künstler können ihre Assoziationen erklären.

Tipp
Wegen der vielen möglichen Sprechanlässe ist dieses Spiel besonders geeignet für den Sprachunterricht. Die Bilder können der Jahreszeit angepasst sein, zum Beispiel Weihnachten, Ostern, Sommer oder Herbst. Die Bilder werden interessanter und humorvoller, wenn sie ungewöhnliche Details enthalten.

Variation
Anstatt ein Bild zu beschreiben und malen zu lassen, kann der Spielleiter auch ein geeignetes Bild für jeden Mitspieler kopieren.

Gruppengröße:	beliebig groß, mindestens aber 2 Personen
Material:	Papier und (Farb-)Stifte
Dauer:	ca. 30 Minuten
Energielevel:	++

Wörterlandschaft, Wörterbilder

Alle neuen Wörter, Begriffe, Fakten oder Sätze werden
aus dem Gedächtnis geholt und in ein Gesamtbild gebracht.

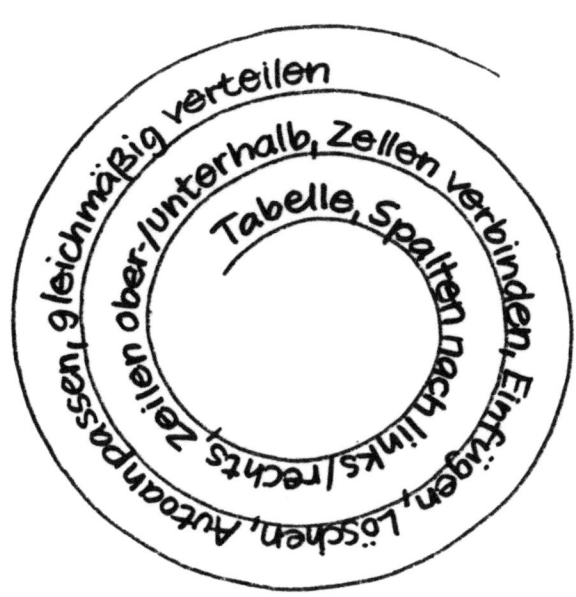

Vorschlag zur Anmoderation

*„Ich erinnere mich daran, wie ich in der Schule von einem Lehrer aufgerufen
wurde, um eine Frage zu beantworten. Obwohl ich die Antwort wusste, fiel sie
mir in diesem Moment nicht ein. Und genau in dem Augenblick, als der Lehrer
sich einem anderen Kind zuwandte, war die Antwort wieder da! Wenn der
Druck weg ist, können unsere Gedanken frei fließen, und die Erinnerungsfähig-
keit ist dann am größten. Ich möchte Ihnen jetzt Gelegenheit geben, Ihre
Gedanken zu unserem neuen Wissensstoff frei fließen zu lassen."*

Und so geht es

Alle Karten mit den neuen Wörtern und Begriffen sind jetzt außer Sichtweite. Die Teilnehmer beginnen, allein oder in Paaren, auf ein großes leeres Blatt Papier – oder in ein vorgefertigtes Mandala oder eine gezeichnete Spirale – alle Inhalte des neuen Lernstoffs zu schreiben, an die sie sich erinnern können. Dazu haben sie einige Minuten Zeit, im Hintergrund spielt leise Musik. Nehmen Sie Instrumentalmusik von Mozart, wenn Sie die Konzentration erhöhen wollen.

Auf ein Signal des Spielleiters hin gibt jeder Teilnehmer oder jedes Paar sein Blatt nach links zum Nachbarn oder benachbarten Paar weiter und schreibt auf dem neuen Blatt weiter. Welche Wörter fehlen noch? Dieser Vorgang wird drei- bis viermal wiederholt. Wenn den Teilnehmern nichts mehr einfällt, bitten Sie sie, alle Wörter zu betrachten, die auf dem Blatt stehen. Geben Sie hier genügend Zeit, damit alle Teilnehmer Wörter und Begriffe, die ihnen unbekannt sind, mit dem „Autor" oder mithilfe des Spielleiters klären können. Sie können dann ihr Wörterbild mit denen der anderen vergleichen. Zum Abschluss werden entweder alle Werke im Raum aufgehängt oder jeder nimmt sein Blatt als Gedächtnisstütze mit nach Hause.

Tipp

Einzelarbeit und das Arbeiten mit Mandalas oder vorgezeichneten Spiralen erzeugen mehr Ruhe. Farbige Stifte machen das Bild interessanter. Anstatt die Blätter weiterzureichen, kann auch jeder Teilnehmer sein Blatt behalten. Anschließend können die Teilnehmer ihre Ergebnisse vergleichen und ergänzen.

Gruppengröße:	beliebig groß, mindestens aber 4 Personen
Material:	A4 oder größeres Papier (oder Mandalas oder vorgezeichnete Spiralen), Musik von Mozart oder Haydn
Dauer:	ca. 20 Minuten
Energielevel:	+

Stationen

An verschiedenen Stationen im Raum werden aus dem Gedächtnis
möglichst viele Einzelheiten des Lernstoffs aufgeschrieben und ergänzt.

„Für Erinnerungen sind Sinneseindrücke ein tieferer Nährboden als die besten Systeme und Denkmethoden."

HERMANN HESSE

Vorschlag zur Anmoderation

*„Sie haben sicher schon festgestellt, dass uns beim Zusammenarbeiten in einer
kleinen Gruppe oft Ideen kommen, die uns allein nicht eingefallen wären. Ich
möchte Sie jetzt dazu einladen, die Gruppensynergie zu nutzen, um sich alles ins
Gedächtnis zu rufen, was wir in dieser Sitzung gelernt haben."*

Und so geht es

An mehreren Stellen im Raum werden Flipchart-Bögen oder andere große
Papierbögen aufgehängt. Die Gruppe teilt sich in kleinere Gruppen auf die
Stationen auf. Alle schreiben an ihrer Station mit dickem Stift spontan auf,
was sie noch vom durchgenommenen Lernstoff wissen. In der Fahrschule
zum Beispiel kann eine Gruppe, die bereits alle Verkehrszeichen gelernt
hat, diese aufschreiben, bis sie durch ein Signal des Spielleiters unterbrochen
wird. Wenn die Teilnehmer das Signal hören, gehen die Gruppen zur nächsten Station, lesen dort laut vor, was die vorherige Gruppe aufgeschrieben hat,
und ergänzen, was ihnen noch dazu einfällt. Danach gibt es wieder ein Sig-

nal vom Spielleiter und die Gruppen gehen wieder weiter. Dieser Vorgang wiederholt sich, bis sie bei ihrer Anfangsstation angekommen sind. Dort lesen die Gruppen vor, was auf ihrem Blatt ergänzt wurde.

Tipp

Will der Spielleiter eine rasche Wissensreproduktion erreichen, kündigt er das Spiel als Stationenlauf an und setzt die Zeiten an den Stationen eher kurz an. Knappes Timing erhöht den Energielevel. Ist das Ziel dagegen Diskussion und erneute Durcharbeitung des Stoffs, lässt er entsprechend mehr Zeit. Wenn es dem Trainer um die Vertiefung des Stoffs geht, kann er auch an jeder Station eine Frage aufhängen, die eine Diskussion stimuliert. Jede Gruppe schreibt dann ihre Antworten, Ideen oder Kommentare in Stichworten dazu. Auch hierbei durchläuft die Gruppe entweder als Ganzes oder im Aufteilverfahren alle Stationen.

Variation

Um die Gedankenvielfalt zu fördern, können die Gruppen sich beim Verlassen ihrer Station aufteilen: Drei Gruppenmitglieder gehen nach rechts, drei nach links zur nächsten Station. Oder zwei bleiben stehen und erklären die Ideen, und die anderen bewegen sich weiter.

Gruppengröße:	mindestens 6 Personen
Material:	große Papierbögen, dicke (bunte) Stifte
Dauer:	ca. 30 Minuten
Energielevel:	+++

Es war einmal

**Gemeinsam wird zum durchgenommenen Lernstoff
ein Märchen erfunden.**

„Spielen hält uns kraftvoll
und lebendig. Es schenkt uns eine
durch nichts zu ersetzende
Begeisterung am Leben.
Ohne Spiel schmeckt das Leben fad."

LUCIA CAPOCCHIONE

Vorschlag zur Anmoderation

„Die Fähigkeit anders wahrzunehmen und anders zu denken hält der Quantenphysiker David Bohm für wichtiger als erworbenes Wissen. Im folgenden Spiel können wir unser Gehirn darin üben, anders zu denken, während wir gleichzeitig mit all den Fakten und Begriffen spielen, die wir neu gelernt haben."

Und so geht es

Nach einigen Worten zu den typischen Merkmalen von Märchen – überraschende Wendungen, ungeahnte Möglichkeiten, Zeitsprünge und Zauberei – kündigen Sie ein Märchen an, das hier in dieser Gruppe im Beisein und unter Mitwirkung aller entstehen wird. Sie beginnen selbst mit „Es war einmal ..." und führen in Ihrem Märchenanfang Personen, Fakten, Formeln oder Begriffe aus dem behandelten Lernstoff ein. An einer spannenden Stelle geben Sie das Wort an den nächsten Mitspieler in der Runde weiter. Jeder Mitspieler spinnt die Geschichte ein Stückchen weiter, bis alle dran waren und der letzte mit „... und wenn sie nicht gestorben sind, so leben sie noch heute" endet.

Tipp

Besonders den visuell und kinästhetisch Lernenden hilft es, wenn der Spielleiter die Geschichte mit einigen Bildern, Gegenständen oder „Skulpturen" wie beim „Pfeifenputzer" unterstützt. Dieses Spiel eignet sich besonders für den Sprachunterricht.

Gruppengröße:	bis zu 20 Personen, mindestens aber 2 Personen
Dauer:	20–30 Minuten
Energielevel:	+

Was ist richtig?

Fakten aus dem durchgenommenen Lernstoff werden gesammelt, dabei werden zehn kleine Fehler eingebaut, die entdeckt werden sollen.

„Nur Arbeit und kein Spiel
macht dumm."

KARL MARX

Vorschlag zur Anmoderation

„Es kann auch einmal Spaß machen, absichtlich und bewusst kleine Fehler einzubauen, um damit die detektivische Spürnase der anderen Kursteilnehmer zu testen."

Und so geht es

In Paaren oder zu dritt sammeln die Teilnehmer 14 Fakten, Sätze, Wörter oder Begriffe aus dem behandelten Lernstoff und schreiben sie auf ein Blatt Papier, wobei sie zehn kleine Fehler einbauen.

Dann tauschen sie mit einer anderen Gruppe die Blätter, suchen auf dem neuen Blatt, was richtig ist, und markieren die eingebauten Fehler.

Im Anschluss kommen alle wieder im Plenum zusammen und tauschen aus, was sie erlebt haben. Wurden alle Fehler gefunden? Welche Fehler waren besonders auffallend, welche besonders gut versteckt? Welche besonders witzigen Fehler wurden eingebaut?

Gruppengröße:	beliebig groß, mindestens aber 6 Personen
Material:	Papier und Stifte
Dauer:	ca. 30 Minuten
Energielevel:	++

Versteigern

Persönliche Gegenstände werden versteigert. „Bezahlt"
wird mit Details des Lernstoffs.

„You have to reach them to
teach them. "

Vorschlag zur Anmoderation

*„Stellen wir uns doch einmal vor, wir befänden uns bei einer Auktion von
Sotheby's in London oder im Dorotheum in Wien. Bei uns gibt es heute eine
Auktion, bei der kostbarer persönlicher Besitz meistbietend versteigert wird. Sie
können alle mitbieten, und zwar mit etwas sehr Wertvollem, nämlich mit Ihrem
Wissen!"*

Und so geht es

Der Spielleiter sammelt von jedem Gruppenmitglied – bei größeren Gruppen nur von etwa acht bis zehn Teilnehmern – einen persönlichen Gegenstand ein, zum Beispiel die Uhr, einen Ohrring, einen Gürtel oder einen
Schuh. Diese „kostbaren Gegenstände" sollen versteigert werden. Geboten
werden kann jeweils ein Begriff, eine wertvolle Definition, eine Formel,
ein Satz oder Ähnliches aus dem durchgenommenen Lernstoff: „Ich biete
die Menüleiste!", „Menüleiste zum Ersten, zum Zweiten …", „Mausklick!",
„Mausklick zum Ersten …" und so weiter. Auktionator ist der Spielleiter, er
steigert die Spannung durch zügiges Vorgehen und generösen Gebrauch des
Auktionshammers.

Die Besitzer der Gegenstände werden versuchen, ihr Besitztum zurückzu-ersteigern, sind aber möglicherweise nicht in jedem Fall erfolgreich, weil ihnen vielleicht nichts mehr einfällt, was sie bieten könnten. Alle haben aber nach der Versteigerung Gelegenheit, ihren persönlichen Gegenstand vom jeweiligen Ersteigerer zurückzubekommen, wenn sie eine kleine Aufgabe erfüllen, die dieser ihnen stellt. „Ich gebe dir deinen Gürtel zurück, wenn du drei Kniebeugen machst", "… mir ein Lied vorsingst" und so weiter.

Diese Idee stammt von Pearl Nitsche.

Gruppengröße:	beliebig groß, mindestens aber 3 Personen
Material:	ein Gegenstand, der einen Auktionshammer darstellen kann
Dauer:	20–30 Minuten
Energielevel:	+++

Largo

Bei diesem Spiel lassen alle den Lernstoff entspannt Revue passieren.

„Der Weg zu allem Großen
geht durch die Stille."

FRIEDRICH NIETZSCHE

Vorschlag zur Anmoderation

„Wer von Ihnen entspannt sich gern? Wissen Sie eigentlich, dass man durch Forschung festgestellt hat, dass unser Gehirn in einem entspannten Zustand die Fähigkeit besitzt, mehr in Erinnerung zu behalten? Ich möchte Sie jetzt dazu einladen, zu erproben, wie ein entspannter Zustand Ihr Gehirn darin unterstützen kann, sich wichtige Dinge zu merken."

Und so geht es

Laden Sie Ihre Teilnehmer ein, sich entspannt hinzusetzen, wenn sie möchten, können sie die Augen schließen – und zum Abschluss noch einmal den Lernstoff innerlich Revue passieren zu lassen. Spielen Sie im Hintergrund ein Largo aus einem Konzert der Barockmusik und lesen Sie dazu den Lernstoff der Stunde oder Lerneinheit langsam vor.

Tipp

Diese Übung eignet sich besonders gut für den Abschluss einer Stunde, eines Tages oder einer Lerneinheit.

Variation

Bei leiser Barockmusik (Largos) erzählen die Teilnehmer einem Partner, was sie in der Stunde oder Lerneinheit gelernt haben.

Gruppengröße:	mindestens 1 Person
Dauer:	ca. 10 bis maximal 15 Minuten
Material:	CD mit Barock-Largos, zum Beispiel von Bach, Albinoni oder Pachelbel, Empfehlung: „Relax with the Classics" (LIND Institute)
Energielevel:	+

Kofferpacken

Gelerntes wird zusammengetragen und in der Runde genannt.

Vorschlag zur Anmoderation

„Wenn wir auf Reisen gehen wollen, packen wir alles, was für diese Reise wichtig ist, in einen Koffer oder eine Reisetasche. Ganz ähnlich wollen wir jetzt, am Schluss, gemeinsam alles in unseren Koffer packen: das, was wir gelernt haben, und das, was wichtig für uns ist, wenn wir draußen durch die Wirklichkeit reisen."

Und so geht es

Der Spielleiter bringt einen Koffer mit in die Runde – real oder vorgestellt. Alle Mitspieler überlegen etwas, was sie in dieser Stunde, an diesem Tag, während dieses Trainings gelernt haben und was für sie wichtig war. Dann suchen sie sich einen Gegenstand, ein Bild oder eine Handbewegung, die dazu passt.

Der Spielleiter beginnt: „Für mich war heute der Unterschied zwischen dem englischen Present Perfect und dem deutschen Perfekt sehr wichtig. Ich möchte sicher sein, dass wir den mitnehmen, wenn wir heute diesen Raum verlassen. Deshalb packe ich ihn ein." Er öffnet den Koffer und legt den dazugehörigen Gegenstand, das Bild oder die Handbewegung dazu. Der nächste Mitspieler schaut in den Koffer und sagt: „Oh, da sehe ich den Unterschied zwischen dem Present Perfect und dem deutschen Perfekt. Und ich möchte gern „since" und „for" mitnehmen." So wird der Koffer weitergereicht, bis alle Mitspieler den Kofferinhalt wiederholt und ihre eigene Lernerfahrung hineingelegt haben, der Koffer voll ist und es Zeit ist zu gehen!

Wenn allerdings jemand ruft „Oh, ich habe meine Zahnbürste vergessen!", darf er noch einen wichtigen Satz dazu packen. Wenn dann auch alle vergessenen „Zahnbürsten" im Koffer sind, ist wirklich Schluss.

Gruppengröße:	mindestens 6 Personen
Dauer:	ca. 10–15 Minuten
Material:	eventuell Reisetasche oder Koffer
Energielevel:	++ bis +++

Fernsehinterview

Interviewfragen zum Lernstoff werden zusammengestellt
und beantwortet.

Vorschlag zur Anmoderation

*„Wer von Ihnen wurde schon einmal interviewt – im Radio oder Fernsehen, von
einem zukünftigen Arbeitgeber – oder wer hat schon Interviews im Fernsehen
gesehen? Welche Eigenschaften braucht ein guter Interviewer? Er sollte über das
Thema gut informiert sein, er sollte seine Fragen gut vorbereitet haben und er
muss darauf achten, dass er Fragen stellt, die die Zuhörer interessieren. Haben
Sie weitere Ideen? Der Interviewte dagegen sollte vorher mögliche Fragen und
Antworten sammeln, damit er gut vorbereitet ist, er sollte sich Strategien aus-
denken für den Fall, dass er mal eine Antwort nicht weiß, wie zum Beispiel das
Thema wechseln oder einen starken Hustenanfall vortäuschen. Was fällt Ihnen
noch ein?"*

Und so geht es

Der Spielleiter kündigt an, dass Günther Jauch (oder ein anderer Fernseh-moderator, den die Gruppe kennt) gleich eintreffen wird, um die Teilnehmer zum Lernstoff des Tages, des Trainings oder des Seminars zu befragen.

Die Gruppe wird in mehrere Kleingruppen von je drei bis vier Personen ein-geteilt. Jede Kleingruppe hat nun die Aufgabe, für den Moderator Fragen zu sammeln. Einer in der Gruppe wird als Moderator ausgewählt und schreibt diese Fragen, die er heute den Teilnehmern beispielsweise des Kurses „Inter-net für Einsteiger", des Trainings „Rechnungswesen und Controlling" oder der Klasse 5b des Schiller-Gymnasiums stellen wird, auf Kärtchen.

Nachdem alle Fragen gesammelt wurden, stehen nun die Moderatoren jeder Gruppe – die „Günther Jauchs" – auf und gehen mit den Fragen zu einer anderen Gruppe (alle Moderatoren bewegen sich im Uhrzeigesinn). Je ein „Günther Jauch" interviewt nun mithilfe der ihm von seinem Team mit-gegebenen Fragen eine andere Gruppe.

Zum Abschluss fassen alle Günther Jauchs die Interviewergebnisse „vor dem Bildschirm" für alle „Zuschauerinnen und Zuschauer" zusammen. Wenn es zu viele Gruppen sind, kann aus Zeitgründen eventuell darauf verzichtet werden.

Gruppengröße:	mindestens 6 Personen
Dauer:	ca. 30–40 Minuten
Energielevel:	++

Dicht dran

Durch die Entfernung zu einem Gegenstand wird
die persönliche Bedeutung der Lerninhalte ausgedrückt.

„Ich bin auf der Welt,
um mich lernend zu verwandeln."

ANDRÉ HELLER

Vorschlag zur Anmoderation

*„Wenn uns etwas sehr wichtig ist, wollen wir es gern dicht bei uns haben. Wenn
wir an all die vielen Dinge denken, die wir hier gelernt haben, dann gibt es
sicher welche, die für einige in der Gruppe sehr wichtig sind, aber für andere
weniger Bedeutung haben oder zumindest im Augenblick weniger wichtig schei-
nen. In der nächsten Übung haben Sie Gelegenheit zu überlegen, was für Sie von
Bedeutung ist."*

Und so geht es

Alle stehen in einem Kreis dicht zusammen und haben einen Ball, ein farbi-
ges Kärtchen oder irgendeinen kleinen Gegenstand in der Hand. Ideal ist es,
wenn der Gegenstand inhaltlich etwas mit dem durchgenommenen Lernstoff
zu tun hat, das ist aber keine Bedingung. Der Spielleiter bittet die Teilnehmer,
den Gegenstand vor ihre Füße auf den Boden zu legen und dann so viele
Schritte rückwärts von dem Gegenstand weg zu machen, wie es der Raum
zulässt.

Der Spielleiter kündigt an, dass er jetzt mehrere Begriffe sagen wird, die sich
auf den Stoff der abgeschlossenen Lerneinheit beziehen. Wenn der Begriff,
den er nennt, für die Mitspieler von großer Bedeutung ist, sollen sie sich so
dicht wie möglich vor ihren Gegenstand stellen. Wenn er keine so große
Bedeutung für sie hat, sollen sie sich halb weit davon entfernt stellen, und

wenn der Begriff gar keine Bedeutung hat, bleiben sie so weit entfernt von ihrem Gegenstand wie möglich stehen.

Der letzte der genannten Begriff sollte einer sein, von dem der Spielleiter ziemlich sicher annehmen kann, dass er für alle Teilnehmer von Bedeutung war, damit sie dicht an ihren Gegenstand herantreten und so alle wieder im Kreis zusammenstehen. Der Kreis ist eine gute Abschlussposition, aus der heraus der Spielleiter sich bei den Teilnehmern bedanken und ein kleines Abschlussritual anschließen kann.

Tipp
Dieses Spiel bietet eine gute Integrationsmöglichkeit, wenn nicht mehr viel Zeit ist.

Gruppengröße:	mindestens 6 Personen
Material:	je ein Ball oder kleiner Gegenstand für alle Mitspieler
Dauer:	ca. 10 Minuten
Energielevel:	++

Das Beste in zwei Minuten

Gelerntes wird zusammengefasst und konzentriert.

„Wiederholung
ist die Mutter des Lernens."

RÖMISCHES SPRICHWORT

Vorschlag zur Anmoderation

„Was Sie in dieser Sitzung gelernt haben, hat vielleicht unterschiedliche Bedeutung für jeden von uns. Mit der nächsten Übung wollen wir alle diese unterschiedlichen Dinge in einem einzigen kraftvollen Satz zusammenholen."

Und so geht es

Der Spielleiter bittet alle Teilnehmer, das Wichtigste, was sie heute gelernt haben, in einem Satz zusammenzufassen und aufzuschreiben. Dann sucht sich jeder einen Partner und liest ihm seinen Satz vor. Innerhalb von zwei Minuten fassen die beiden ihre Sätze zusammen und verbinden sie zu einem einzigen Satz. Mit diesem Satz suchen sich die beiden ein anderes Paar und verbinden nun ihren Satz wiederum mit dem Satz des anderen Paares. Mit dem neuen Satz geht die Vierergruppe auf eine weitere Vierergruppe zu und gemeinsam verbinden sie ihre beiden Sätze wiederum zu einem einzigen. So geht es weiter, bis sich zwei Teams mit ihrem Satz gegenüberstehen. Jedes Team trägt nun seinen hoch konzentrierten Satz im Chor dem anderen Team vor.

Gruppengröße:	mindestens 8 Personen
Material:	Papier und Stifte
Dauer:	ca. 15 Minuten
Energielevel:	+++

Baum der Erkenntnis

Die wichtigen Erkenntnisse oder Lerninhalte des Tages
werden notiert und aufgehängt.

Vorschlag zur Anmoderation

*„Der Baum ist ein Symbol des Lebens. In der folgenden Übung wollen wir
das lebendige Wissen, das wir uns in dieser Sitzung angeeignet haben, zusammenholen."*

Und so geht es

Der Spielleiter zeichnet die Umrisse eines Baums an die Tafel oder auf Pinnwandpapier. In Paaren oder Dreiergruppen sollen die Teilnehmer die wichtigen Dinge, die sie heute gelernt, oder Erkenntnisse, die sie gehabt haben, sammeln und mit dicken Stiften auf grüne Moderationskarten schreiben. Dann heftet jede Gruppe ihre „Blätter" an den „Baum der Erkenntnis." Karten mit ähnlichem Inhalt werden an denselben Ast gehängt. Zu jeder Karte kann ein kurzer Kommentar abgegeben werden.

Diese Idee stammt von Axel Rachow.

Gruppengröße:	mindestens 6 Personen
Material:	grüne Moderationskarten, Moderationsstifte
Dauer:	ca. 20 Minuten
Energielevel:	++ bis +++

Sammelfieber

Um die Wette werden Begriffe und Fakten aus dem neuen Lernstoff am Flipchart gesammelt.

Vorschlag zur Anmoderation
„In der heutigen Sitzung haben wir sehr viel Stoff durchgenommen. Ich möchte Ihnen gern die Gelegenheit geben, all diese Juwelen von Wissen zusammenzutragen, damit Sie sie leichter in Erinnerung behalten können."

Und so geht es
Es werden Gruppen von fünf bis sechs Teilnehmern gebildet, die sich jeweils um ein Flipchart oder einen an Pinnwand oder Wand aufgehängten Bogen Papier versammeln und einen dicken Filzstift bekommen. Nun beginnt ein Wettlauf gegen die Uhr. Innerhalb einer vom Spielleiter festgesetzten Zeit, zum Beispiel vier bis fünf Minuten – je nach Materialfülle des neuen Stoffs –, sollen alle Gruppen möglichst viele Begriffe und Fakten aus dem neuen Wissensstoff sammeln, doch jede Gruppe hat nur einen Stift. Auf

„Los!" eilt deshalb der erste in jeder Gruppe zum Flipchart, schreibt einen Begriff oder Satz aus dem neuen Lernstoff auf, läuft dann zurück zur Gruppe und gibt den Stift an den nächsten Mitspieler weiter, der dann seinerseits zum Flipchart läuft und den nächsten Begriff aufschreibt und so weiter. Gruppen, die etwas langsamer sind, können durch Einflüstern des Spielleiters unterstützt und ermutigt werden.

Wenn die Zeit um ist, liest jede Gruppe der Reihe nach jeweils einen ihrer Begriffe oder Sätze vor. Haben andere Gruppen denselben Begriff aufgeschrieben, so gibt es Beifall für die Mehrfachnennung – bravo, dass dieser Begriff so vielen eingefallen ist! Der Übersicht halber streichen die anderen Gruppen diesen Begriff aus ihrer Liste. Zum Schluss wird zusammengezählt, wie viele verschiedene Begriffe die gesamte Gruppe in der vorgegebenen Zeit gesammelt hat.

Tipp
Lebhafte Musik im Hintergrund erhöht das Tempo und regt die Aktivität an.

Gruppengröße:	mindestens 6 Personen
Material:	je ein Flipchart oder ein Bogen Flipchart- oder A3-Papier und ein Stift pro Gruppe
Dauer:	ca. 10 Minuten
Energielevel:	+++

Standbilder

Begriffe, Daten, Sätze werden als lebende Bilder dargestellt.

Vorschlag zur Anmoderation

„Meine Urgroßmutter erzählte oft von einem Spiel, das sie als junges Mädchen gerne mit anderen spielte: „Lebende Bilder". In kleinen Gruppen überlegten sie sich jeweils einen Begriff und stellten ihn als stummes und unbewegtes Bild dar. Ganz wichtig war es, im Augenblick der Aufführung bewegungslos zu verharren."

Und so geht es

Die Gruppe wird in Dreier-, Vierer- oder Fünfergruppen aufgeteilt. Jede Gruppe bekommt eine Liste von etwa sechs Begriffen, Fakten oder Daten aus der Lerneinheit. Zu jedem Begriff denken sich die Gruppenmitglieder ein lebendes Bild aus, das diesen Begriff darstellt. Die Gruppen sollten Zeit genug haben, ihre Ideen auszuprobieren und ein wenig zu üben.

Für die „Aufführung" kommt jede Gruppe nach vorne auf die „Bühne". Ein Gruppenmitglied bittet die Zuschauer, die Augen zu schließen oder sich die Augen zuzuhalten, die Gruppe formiert sich zu ihrem lebenden Bild, der Sprecher nennt den Titel des lebenden Bildes und hält eine Karte mit dem Begriff hoch. Alle Zuschauer öffnen die Augen und betrachten das Standbild mit seinem Titel. Dann bittet der Sprecher die Zuschauer, die Augen wieder zu schließen, und das nächste lebende Bild wird gestellt.

Diese Idee stammt von Eugen Jürgen Müller.

Tipp

Für dieses Spiel sollten die Mitspieler schon etwas Übung im Darstellen haben. Musik im Hintergrund kann noch zur Dramatik beitragen, zum Beispiel: „The Sting" (Scott Joplin) oder „1492 – The Conquest of Paradise" (Vangelis).

Variation

Anstatt die Titel der Standbilder gezeigt zu bekommen, werden die Zuschauer aufgefordert, sie zu erraten und ihre Vermutungen auf einem Blatt Papier zu notieren. Nach der „Vorstellung" gibt das Standbild-Team bekannt, was jede Szene darstellen sollte. In der Regel löst das eine lebhafte Diskussion aus! Freuen Sie sich über das Engagement der Zuschauer und geben Sie dieser Diskussion den Raum, den sie braucht.

Gruppengröße:	mindestens 6 Personen in Gruppen zu je 3 Personen
Material:	Kärtchen mit neuen Begriffen, Wörtern und so weiter, eventuell dramatische Musik
Dauer:	30 Minuten (hängt von der Gruppengröße ab)
Energielevel:	++ bis +++

Bingo handgemacht

Wörter oder Begriffe sollen rasch erkannt werden.

Vorschlag zur Anmoderation

„Wer von Ihnen hat schon einmal Bingo gespielt? Ich möchte Ihnen heute eine Version vorschlagen, die sich ein wenig vom Original unterscheidet und uns Gelegenheit gibt, uns noch mal ins Gedächtnis zurückzurufen, was wir in diesem Kurs gelernt haben.“

Und so geht es

Die Mitspieler setzen sich zu zweit zusammen und zeichnen sich paarweise ein Bingobrett mit 16 Feldern, je nach Stoffumfang können es auch nur zwölf sein. An der Tafel oder Pinnwand hängt eine Liste mit den neuen Wörtern oder Begriffen. Jeder der Mitspieler trägt in jedes Feld seines Bingobretts einen Begriff aus dieser Liste ein.

Corpus callosum	Kleinhirn	Großhirn	Limbisches System
Dendriten	Axons	Synapsen	Mandelkern
Neocortex	Hirnstamm	Nervenzelle	Thalamus-komplex
Neuro-transmitter	Hippo-kampus	Hemi-sphären	Hypothal-mus

Während beim klassischen Bingo Zahlen ausgerufen werden, die die Teilnehmer auf ihrem Spielschein ankreuzen, geht es in unsrer Version um die Begriffe, die an der Tafel stehen. Der Spielleiter ruft allerdings nicht die Begriffe selbst auf, sondern eine Beschreibung oder Definition der Begriffe, oder er sagt gar nichts, sondern stellt die Begriffe nur pantomimisch dar! Wer meint, den passenden Begriff zur Beschreibung, Definition oder Pantomime auf seinem Bingobrett gefunden zu haben, bespricht die Vermutung mit seinem Partner und streicht ihn dann mit einem großen Kreuz aus. Das Paar, das als Erstes alle seine Begriffe ausgestrichen hat, ruft „Bingo!". Gemeinsam betrachtet die Gruppe das Ergebnis der Gewinner. Das kann interessante Diskussionen auslösen, die im Interesse des Lernens immer hoch erwünscht sind! Das Spiel kann mehrmals gespielt werden, wobei sich jedes Mal neue Paare zusammentun und ihr gemeinsames Glück versuchen können.

Tipp
Der Spielleiter notiert sich alle Wörter, die er vorgelesen hat.

Gruppengröße:	mindestens 6 Personen
Material:	Papier, Stifte, Liste der neuen Wörter oder Begriffe
Dauer:	20–30 Minuten
Energielevel:	++

Innenkreis und Außenkreis   = „Kugellager"

In Kurzinterviews tauschen sich die Teilnehmer über den Nutzen des Lernstoffs aus.

Vorschlag zur Anmoderation
„Mit anderen Mitlernenden Gedanken, Ideen und Eindrücke auszutauschen, ist ein hervorragendes Mittel, um Feedback zu bekommen und das eigene Verständnis zu vergrößern. In der folgenden Übung werden Sie Austauschkontakte am laufenden Band erleben."

Und so geht es
Zunächst werden sieben bis acht „Reporterfragen" zum durchgenommenen Lernstoff an der Tafel oder am Flipchart gesammelt oder sind bereits vom Spielleiter vorbereitet worden, zum Beispiel:

- Was hat Ihnen am meisten Spaß gemacht?
- Was von dem Gelernten wird Ihnen bei der Arbeit oder im Leben am meisten nützen?
- Wo können Sie das einsetzen, was Sie gelernt haben?
- Weshalb können Sie dieses Thema und diesen Kurs anderen weiterempfehlen?
- Was wollen Sie unbedingt in Erinnerung behalten?

Nehmen Sie auch die eine oder andere witzige Frage mit auf, zum Beispiel: „Was könnten folgende Menschen mit dem hier Gelernten anfangen: die Bundeskanzlerin, der Bürgermeister Ihrer Stadt, Thomas Gottschalk, die Wetterfee Claudia Kleinert, der Weihnachtsmann?"

Die eine Hälfte der Gruppe bildet nun mit ihren Stühlen einen Kreis und setzt sich so hin, dass alle nach außen schauen. Die andere Hälfte der Gruppe bildet einen Außenkreis mit dem Gesicht nach innen, sodass jeweils ein Mitglied des Außenkreises ein Gegenüber im Innenkreis hat.

Bei ungerader Teilnehmerzahl spielt der Spielleiter mit oder zwei Teilnehmer sind „unzertrennlich" oder „siamesische Zwillinge" und agieren gemeinsam.

Jeder Teilnehmer hat ein Blatt Papier vor sich, auf das er oben seinen Namen schreibt. Die Paare unterhalten sich nun drei Minuten lang über die erste „Reporterfrage". Jeder notiert die Antwort seines Partners in Stichworten auf dessen Blatt.

Wenn der Spielleiter gongt, klatscht, pfeift oder läutet, rückt der Außenkreis im Uhrzeigersinn zur nächsten Person weiter. Die neuen Paare stellen sich nun gegenseitig die zweite „Reporterfrage". So bewegt sich der Außenkreis weiter, bis alle Fragen beantwortet sind.

Zum Abschluss können entweder

- alle an ihren ersten Platz zurückkehren und mit einem Nachbarn die notierten Antworten besprechen,
- alle im Plenum die notierten Antworten vorstellen,
- alle Blätter zu den „Reporterfragen" aufgehängt werden, sodass sie in der Pause betrachtet werden können, oder
- alle können ihre Blätter als „Anker" für diese Lerneinheit mit nach Hause nehmen.

Tipp
Die Spielform „Innenkreis und Außenkreis" eignet sich für alle Situationen, in denen Sie einen strukturierten Informationsaustausch mit vielen Einzelpartnern anstreben.

Variation
Eine witzige Idee dazu stammt von Pearl Nitsche. Wenn Innen- und Außenkreis gebildet sind und jeder seinen ersten Partner gefunden hat, heißt der erste Auftrag: „Tauschen Sie Ihre Blätter aus und zeichnen Sie auf das Blatt des Gegenübers in die obere linke Ecke ein ‚Passbild' von vorn oder im Profil." Das löst in der Regel viel Gelächter (und viele Entschuldigungen) aus und kann eine Atmosphäre der Leichtigkeit und unbefangenen Kreativität schaffen.

Gruppengröße:	mindestens 10 Personen
Material:	A4-Papier, Stifte
Dauer:	ca. 45–60 Minuten
Energielevel:	++ bis +++

Punkte würfeln

Es wird alles gesagt, was einem zu einem erwürfelten Begriff einfällt.

Vorschlag zur Anmoderation

„‚Etwas Gescheiteres kann einer doch nicht treiben in dieser schönen Welt als zu spielen‘, meinte der große norwegische Schriftsteller Henrik Ibsen. Seien wir also gescheit und spielen! Heute mal ein Brettspiel, allerdings sehr vergrößert: Der ganze Boden ist unser Spielbrett!“

Und so geht es

Etwa 14 bis 28 Karten mit Begriffen aus dem durchgenommenen Lernstoff oder mit Fragen aus dem Spiel „Fragen macht klug" werden in kleinen Stapeln mit der Rückseite nach oben U-förmig auf dem Boden ausgelegt. Jeder Stapel enthält eine unterschiedliche Anzahl von Karten.

Nacheinander würfelt nun jeder Mitspieler und bestimmt so, wie viele Schritte er auf dem U vorrücken darf. Er setzt seine Spielmarke neben den betreffenden Kartenstapel und nimmt die oberste Karte auf. Wenn er alles, was ihm zu diesem Begriff einfällt, gesagt hat, darf er die Karte behalten, und der nächste Spieler ist dran. Am Schluss freuen sich alle über ihre gesammelten Karten. Manchmal ist es gut, das Spiel zu beenden, solange die Energie noch hoch ist, auch wenn noch nicht alle Kärtchen aufgenommen wurden.

Diese Idee stammt von Gail Heidenhain.

Gruppengröße:	mindestens 6 Personen
Material:	Karten beschriftet mit Lernstoff, Würfel, Spielmarken oder Männchen
Dauer:	20–30 Minuten
Energielevel:	+ bis ++

Spaziergang durch den Stoff

In Gedanken wird noch einmal der Lernstoff durchlaufen und Symbole werden notiert.

Vorschlag zur Anmoderation

„Kennen Sie ‚doodeln‘, zu Deutsch ‚Männchen malen‘? Das sind die kleinen Kritzeleien, die unsere Hand oft unbewusst zeichnet, während wir jemandem zuhören. Doodles können Männchen sein, aber auch andere unregelmäßige, abstrakte Formen. Ich möchte Sie dazu einladen, bei der folgenden Übung halb bewusst mitzudoodeln als eine Möglichkeit, die Erinnerung an alles, was wir in dieser Sitzung gelernt haben, zu festigen.“

Und so geht es

Während im Hintergrund leise Musik erklingt, fassen Sie den Stoff der Sitzung oder Stunde noch einmal zusammen. Die Teilnehmer machen sich dazu Notizen in Form von Symbolen, zu denen sie ein oder zwei Wörter aufschreiben. Wenn sie möchten, können sie diese Notizen auch als Mindmap zeichnen.

Gruppengröße:	1–500 Personen
Material:	Papier und (Bunt-)Stifte, CD mit ruhiger Instrumentalmusik
Dauer:	15–20 Minuten
Energielevel:	+

Fragen macht klug

Fragen zum durchgenommenen Stoff werden formuliert und beantwortet.

„Die Frage ist wichtiger als die Antwort."

„Wichtig ist, dass man nicht aufhört zu fragen."

Vorschlag zur Anmoderation

„Eine gute Methode, sich Gelerntes einzuprägen, ist nicht nur, auf Fragen zum Thema zu antworten, sondern auch selbst Fragen zum Stoff zu stellen. Die nächste Übung gibt Ihnen die Chance, beides zu tun, Ihren Kurskollegen Fragen zu stellen und deren Fragen zu beantworten. Vielleicht macht es Ihnen auch Spaß, dabei herauszufinden, was es sonst noch über das Thema zu lernen gibt."

Und so geht es

Die Teilnehmer bilden Gruppen von zwei bis vier Personen. Jede Gruppe bekommt ein Thema oder eine Seite aus dem durchgenommenen Lernstoff zugeteilt und vier bis sechs leere Karten, die nummeriert werden. Die Gruppe überlegt sich Fragen, die sich auf ihr Thema oder ihre Seite beziehen. Diese Fragen werden auf je eine Karte geschrieben.

Wenn alle Gruppen ihre Fragen aufgeschrieben haben, reichen sie die Karten an die nächste Gruppe im Uhrzeigersinn weiter. Diese Gruppe überlegt sich Antworten und schreibt sie zusammen mit den Nummern der entsprechenden Frage auf weitere Karten. Dann werden die Antwortkarten zusammen mit den Fragekarten an die ursprüngliche Gruppe zurückgegeben und dort besprochen.

Variation

Der Spielleiter sammelt danach alle Karten ein, um sie an einer späteren Stelle für beispielsweise „Memory" zu benutzen.

Gruppengröße:	mindestens 2 Personen
Material:	Moderationskarten, Stifte
Dauer:	20–30 Minuten
Energielevel:	+ bis ++

Eins noch …

Zum Abschluss wird in der Gruppe gesagt, was wichtig war, was gelernt wurde und was gefallen hat.

Vorschlag zur Anmoderation

„Ist Ihnen schon einmal aufgefallen, wie sich in Gesprächen durch das, was die anderen sagen, bei Ihnen selbst ganz neue Gedankenblitze formen? Was der eine sagt, löst beim anderen eine völlig neue Idee aus. In der Übung, mit der wir heute die Sitzung abschließen, können Sie beobachten, wie das, was die anderen Gruppenmitglieder zum durchgenommenen Lernstoff sagen, bei Ihnen noch einmal ganz neue Sichtweisen anregt."

Und so geht es

Werfen Sie einem Gruppenmitglied im Kreis einen Ball zu. Wer den Ball hat, nennt etwas, was er in der Sitzung gelernt hat, was ihm wichtig war oder ihm gefallen hat, und wirft den Ball einem anderen Teilnehmer zu.

Wem gerade nichts einfällt, der kann entweder etwas wiederholen, was ein anderer gesagt hat, oder den Ball einfach weitergeben. Hilfreich ist es, wenn der Spielleiter dies vor dem Werfen ankündigt.

Variation

Die Teilnehmer suchen sich im Raum einen Gegenstand, der sie an etwas erinnert, was sie in der Sitzung getan oder gelernt haben oder was auf irgendeine Weise für sie Bedeutung hatte. Im Kreis zeigt jedes Mitglied der Gruppe seinen Gegenstand vor und sagt dazu, was dieser für ihn bedeutet oder wofür er steht.

Wenn Sie mögen, können Sie der Runde einen kleinen humorvollen Anstrich geben, indem Sie alle bitten, mit „Klingeling!" anzukündigen, wenn sie sprechen wollen.

Gruppengröße:	mindestens 3 Personen
Material:	Ball
Dauer:	10 Minuten
Energielevel:	++

Anhang

Beispiele für gut rhythmisierte Spielabfolgen

Die Spielabfolge sollte auf jede Gruppe – ob eher visuell, auditiv oder kinästhetisch –, auf die Lerngeschwindigkeit und auf die Stimmung im Raum abgestimmt werden. Dies geschieht meistens spontan. Um eine Vorstellung davon zu bekommen, wie eine solche Abfolge aussehen könnte, werden hier einige Beispiele gegeben. Denken Sie daran, dass zwischendurch – je nach Bedarf – Phasen eingesetzt werden, in denen die Lernenden alleine für sich das Erlebte und Gelernte reflektieren können.

Beispiel 1
„Schwirrende Sätze", „Auf den Rücken schreiben", „Vernetzen im Kreis", „Was passt wohin", „Wo ist JFK?", „Stell dir vor", „Bazar"

Beispiel 2
„Spiel mir ein Wort", „Doppelpantomime", „Woran denke ich?", „Handschuh steht für Hemisphäre", „Blind ertasten", „Es macht Sinn", „Largo"

Beispiel 3
„Sinn-voll Träumen", „In die Luft schreiben", „Was ist anders?", „Meteoritenschwarm", „Aufreihen", „Wo zieht es dich hin?", „Wörterlandschaft, Wörterbilder"

Beispiel 4
„Die EU-Länder" (siehe im Folgenden)

Die EU-Länder

Im Folgenden soll beispielhaft gezeigt werden, wie man die ersten 15 Länder der Europäischen Union auf eine kreative, multi-sensorische Art und Weise vermitteln kann.

Die Idee zu dieser Einheit entstand, als mir ein Teilnehmer von einer Präsentation erzählte, in der Länder mit Symbolen verknüpft worden waren. Ich danke dem mir unbekannten Urheber dieses Einfalls herzlich!

Kathleen Brandhofer-Bryan

Die Verknüpfungen der Länder mit ihren Symbolen können so aussehen:

Eiffelturm – Frankreich
Stier – Spanien
Ikea-Bett – Schweden
Brandenburger Tor – Deutschland
Mücken – Finnland
Stiefel – Italien
Schwarzes Taxi – England
Gyros – Griechenland
Portwein – Portugal
W. A. Mozart – Österreich
Harfe – Irland
Meerjungfrau – Dänemark
Gouda-Käse – Niederlande
Pommes frites – Belgien
Etikett, beschriftet mit dem Wort „steuerfrei" – Luxemburg

Schritt 1
Ohne vorher das Thema oder die Verknüpfungen zu erwähnen, laden Sie die Gruppe zu einer Fantasiereise ein. Im Hintergrund spielt eine leise Entspannungsmusik (beispielsweise Michael Jones *Sunscapes* oder George Winston *Summer*) und Sie beginnen:

„Jetzt könnt ihr euch entspannen. Setzt euch bequem auf euren Stuhl. Nehmt eine entspannte Haltung ein. (Pause) Spürt eure Füße im Kontakt mit dem Boden und spürt den Stuhl, der euch trägt. (Pause) Nun richtet eure Aufmerk-

samkeit auf eure Schultern, wie sie sich leicht heben und senken. Und wie euer Atem fließt. Wenn ihr möchtet, könnt ihr entweder auf einen fixen Punkt schauen oder die Augen einfach schließen (Pause), während ihr vor eurem inneren Auge folgende Bilder auftauchen lasst. Stellt euch vor, dass ihr träumt (Pause), dass ihr einen wunderschönen und auch ungewöhnlichen Traum träumt (Pause), einen Traum voller erstaunlicher Dinge und Überraschungen. Ihr träumt, dass ihr an einem Frühlingstag in Paris seid. Ihr spürt die angenehme Wärme der Sonne, während ihr durch einen Park voll bunter duftender Blumen geht. Auf einmal bleibt ihr stehen, als ihr merkt, dass sich vor euch in der Ferne der riesige Eiffelturm erhebt (Pause), ein imposanter Stahlskelettbau. Ihr schaut bis hinauf zur Spitze. Dann reibt ihr euch die Augen, um sicher zu sein, dass es stimmt, was ihr da seht. Ja, ihr habt recht gesehen, denn tatsächlich, oben auf dem Turm ist ein Stier. Er scheint müde zu sein, denn er schläft in einem Bett (Pause), einem Ikea-Bett. Die Kopflehne des Bettes ist das Brandenburger Tor, an das der Stier seinen Kopf lehnt. Hm, das muss alles eine Bedeutung haben, denkt ihr euch. Nun seht ihr, dass über dem Brandenburger Tor viele Mücken herumfliegen. Sie schwirren und summen. Der Stier schläft trotzdem in seinem Ikea-Bett weiter. Und auch euer ungewöhnlicher Traum geht weiter (Pause). Unter den vielen Mücken gibt es eine sehr große Mücke. Sie schwebt über dem Brandenburger Tor und trägt einen Stiefel auf dem Kopf. Und nun seht ihr, wie aus der Sohle des Stiefels ein schwarzes Taxi herausgefahren kommt und im

Kreis um den Stiefel fährt. Während das Taxi um den Stiefel fährt, riecht ihr etwas. Da steigt euch doch ein leckerer Duft in die Nase. Ja richtig, denn auf der Haube des Taxis steht eine große Pfanne mit wunderbar riechendem Gyros. Ihr könnt kosten, wenn ihr wollt. Und weiter beobachtet ihr, wie das Taxi mit dem wunderbar riechenden Gyros immer im Kreis um den Stiefel fährt und stellt fest, dass in der Mitte der Gyrospfanne eine Flasche edelsten Portweins steht. Oben auf der Flasche steht eine Figur. Ihr erkennt sie: Es ist Mozart. Er bewegt sich leicht hin und her, während er schöne Melodien auf einer Harfe spielt. Ihr hört die kristallklar perlenden Töne. Seine Harfenmusik ist so schön, dass eine entzückende Meerjungfrau auftaucht und zu der Musik vor ihm tanzt. Sie tanzt gefühlvoll und voller Energie. Anscheinend hat sie Hunger, denn in der rechten Hand hält sie ein Stück Gouda, jenen Käse mit dem pikant nussigen Geschmack. Und in der linken Hand knusprige frische Pommes frites. Merkwürdig ist nur, dass von den Pommes Frites ein Etikett herabhängt, worauf steht: ‚Steuerfrei!‘. ‚Was für ein ungewöhnlicher Traum‘, denkt ihr, als ihr merkt, dass ihr langsam aufwacht. Ihr bewegt euch, lasst Bewegung in Hände und Füße kommen, öffnet die Augen, wenn sie geschlossen waren, und kehrt mit eurer Aufmerksamkeit zurück in diesen Raum. Ihr könnt euch dehnen oder strecken und recken. Vielleicht steht ihr alle kurz auf, atmet zweimal tief ein und aus und fühlt euch wieder munter und bereit für den nächsten Schritt."

Schritt 2

Sie wiederholen die Geschichte und zeigen der Gruppe dabei Bilder von jedem Symbol. Danach bitten Sie die Teilnehmer, sich innerlich selbst die Geschichte zu erzählen.

Schritt 3

Noch einmal erzählen Sie die Geschichte und machen dabei eine entsprechende Geste für jedes Symbol, also für den Eiffelturm, den Stier, das Ikea-Bett und so weiter. Im Anschluss daran laden Sie die Teilnehmer dazu ein, die Geschichte mit Ihnen gemeinsam zu erzählen und die Gesten dazu zu machen. Wenn es Teilnehmer gibt, die nicht mitmachen wollen – möglicherweise die visuellen Lerntypen –, lassen Sie sie einfach schauen!

Schritt 4

In Paaren, die sich gegenübersitzen, erzählt einer die Geschichte, während der andere ihn unterstützt, indem er den Ablauf mit den entsprechenden Gesten begleitet. Dann tauschen beide die Rollen. Abschließend bitten Sie die Teilnehmer, sich noch einmal innerlich die Geschichte zu erzählen.

Schritt 5

Erst jetzt lassen Sie die Teilnehmer den Zusammenhang zwischen Geschichte und Lernstoff erraten. Stellen Sie Fragen wie zum Beispiel: „An welches Land denken Sie, wenn ich Eiffelturm sage?" So nennen die Teilnehmer der Reihe nach die verschiedenen Länder. Heften Sie dabei Kärtchen mit den Ländernamen an die Pinnwand oder decken Sie verdeckt hängende Kärtchen auf. Am Schluss eröffnen Sie den Teilnehmern, dass sie soeben die ersten 15 EU-Länder in der Reihenfolge ihrer Größe gelernt haben!

Schritt 6

Paarweise: Ein Partner macht nun eine Geste, während der andere das entsprechende Land nennt. Sie können der Reihe nach oder in beliebiger Reihenfolge vorgehen und tauschen zwischendurch die Rollen. Die Liste der Länder ist während dieses Schritts sichtbar im Raum. Statt einer Geste können sie hier auch „Auf den Rücken schreiben" oder „In die Luft schreiben" spielen. Im Anschluss daran bitten Sie die Teilnehmer, sich innerlich die Länder in der Reihenfolge ihrer Größe aufzusagen.

Schritt 7

Integration mit Musik: Spielen Sie eine leise Musik im Hintergrund, zum Beispiel eine Sinfonie von Haydn oder Mozart, und spielen Sie „Wörterlandschaft, Wörterbilder".

Vorschläge zur Erweiterung des Themas EU-Länder

Sollen alle 27, also auch die zwölf „neuen" EU-Länder gelernt werden, eignen sich die folgenden vertiefenden Übungen. Sie zielen besonders darauf ab, die „neuen" Länder „kennenzulernen", und sie erleichtern das Assoziieren. Es fällt den meisten schließlich viel leichter, den Eiffelturm für ein so bekanntes Land wie Frankreich auszuwählen, als ein Symbol für ein eher unbekanntes Land wie Rumänien.

Schritt 8

Jeder Teilnehmer bekommt das Faktenblatt (siehe S. 168) für ein EU-Land und wird nun für die nächsten Spiele der Spezialist für dieses Land. Es gibt 27 Faktenblätter; wenn die Gruppe zu klein ist für so viele Länder, dann werden nur die „neuen" zwölf Länder geübt. Sollte die Gruppe etwas mehr als zwölf Teilnehmer haben, dann können sich zwei ein Faktenblatt teilen.

Schritt 9

Wenn die Teilnehmer ihr Blatt gelesen haben, stellen sie sich mehrmals in einer Reihe auf, entsprechend beispielsweise der Höhe des Durchschnittseinkommens ihres Landes oder der Lebenserwartung der Männer, der Lebenserwartung der Frauen oder Ähnlichem, wie im Spiel „Aufreihen".

Schritt 10

Nun können Sie eine ungewöhnliche „Cocktailparty" veranstalten. Jeder Teilnehmer spielt sein Land! Er stellt sich vor, zum Beispiel mit: „Hallo, ich heiße Spanien", und tauscht mit den anderen Gästen interessante Fakten über sich aus.

Die Ideen zu den Schritten 8 bis 10 stammen von Pearl Nitsche.

Schritt 11

Jetzt können Sie mit der Gruppe Assoziationen zu den „neuen" EU-Ländern finden wie in „Woran denke ich?".

Schritt 12

Weiter eignen sich nun zum Beispiel „Pfeifenputzer", „Symbole zeichnen" und ähnliche Spiele.

Schritt 13

Dann wird eine Geschichte mit den „alten" und den „neuen" EU-Ländern erzählt, die wieder mit dem Eiffelturm beginnt. Die Gruppe einigt sich auf ein Symbol für jedes Land. Jedes Mal, wenn eines der neuen zwölf Länder in der Geschichte vorkommt, muss es besonders betont werden, mit einer Geste oder durch das Zeigen auf die Symbole aus „Pfeifenputzer". Variante: „Pantomimenkette".

Beispiel für ein Faktenblatt „Italien"
Amtssprache: Italienisch
Hauptstadt: Rom
Internationales Kennzeichen: I
Fläche: 301.278 Quadratkilometer
Höchste Erhebung: Monte Rosa 4638 Meter
Längster Fluss: Po, 652 Kilometer
Einwohner: 57.700.000
Bevölkerungswachstum: 0,2 Prozent
Lebenserwartung Frauen: 80 Jahre
Lebenserwartung Männer: 75 Jahre
Analphabeten: 1 Prozent
Arbeitslose: 11,3 Prozent

Im Atlas ist Italien sehr gut zu erkennen: Schließlich hat das Land die prägnante Form eines Stiefels. Neben dem italienischen Festland gehören auch die Mittelmeerinseln Sizilien, Sardinien und Elba dazu. Der auf Sizilien gelegene Ätna ist mit 3340 Metern der höchste Vulkan Europas. Pasta und Pizza – dafür ist Italien weltberühmt. Aber auch den „Schiefen Turm" von Pisa kennt jeder und die Lagunenstadt Venedig, durch die sich Anwohner und Besucher mit Gondeln auf den zahllosen Kanälen bewegen. In der Hauptstadt Rom gibt es das Kolosseum und das Forum Romanum zu besichtigen.

Die Lernstile

Der Lernerfolg ist davon abhängig, ob die Lernenden auf eine Art und Weise unterrichtet werden, die ihrem Lernstil entsprechen. So ist es nicht erstaunlich, dass Lehrer, Trainer und Eltern immer wieder fragen: Wie ist der Lernstil dieses oder jenes Schülers oder Teilnehmers oder meines Kindes? Welche Lernstile überwiegen in meiner Gruppe, meiner Klasse oder bei meinen Kindern?

Dieses Bedürfnis nach Menschenkenntnis und damit Selbsterkenntnis ist uralt. Heute ist die Fähigkeit, sich selbst und andere besser zu kennen, eine solide Grundlage für professionelles Arbeiten, beispielsweise in der Medizin, in Unternehmen oder im Schulwesen (vgl. Claudia Feichtenberger, siehe Buchempfehlungen auf S. 180).

Viele Typologien zur Erfassung von menschlichem Verhalten, von Einstellungen und von Werten wurden in den 1960er-Jahren und später entwickelt. Schulisches Lehren und Lernen bei Erwachsenen steht unter anderem im Fokus der Forschung von Friedrich C. Vester und der Modelle von Dunn und Dunn („Learning Style Model"), Swassing-Barbe („Perceptual Modality Instrument") und des NLP-Lerntypenmodells (NLP = Neurolinguistische Programmierung). Diese Modelle beschreiben Verhalten und neurologische Indikatoren, die es erleichtern, Wahrnehmungsstile oder Lernstile einfacher zu erkennen.

Die Anwendung dieser Modelle soll nicht dazu führen, dass alle Lernenden nun in Schubladen gesteckt werden. Doch können wir über sie Hinweise darauf erhalten, ob es sich bei den beobachteten Personen um überwiegend visuelle, auditive oder kinästhetische Wahrnehmungstypen handelt, und unser Verhalten dementsprechend anpassen, damit wir sie besser erreichen können und ihnen Hinweise dazu geben können, wie sie ihr Lernen effektiver gestalten können.

Dabei sollten wir auch in Erinnerung behalten, dass keiner dieser Wahrnehmungs- oder Lernstile besser ist als ein anderer – sie sind einfach nur unterschiedlich. Jeder Lernstil kann effektiv sein. Überdies lassen sich auch die Wahrnehmungsmodalitäten, die wir am wenigsten benutzen, entwickeln und ausbauen. Ein Schlüssel zum Erfolg ist es, einerseits den präferierten Stil zu erkennen und andererseits die anderen Lernstile weiterzuentwickeln. Genau dieses Ziel haben die Spiele in diesem Buch!

Auf den folgenden Seiten finden Sie Ergebnisse aus der Arbeit von Michael Grinder (NLP), die Hinweise darauf geben, ob es sich bei der beobachteten Person um einen visuellen, einen auditiven oder kinästhetischen Wahrnehmungstyp handelt. Die Merkmale sind am deutlichsten zu beobachten, wenn sich Menschen unter Stress befinden. Im Lernprozess kann Stress besonders dann auftreten, wenn neue, wichtige und schwierige Konzepte gelehrt werden. Unter Stress vergessen wir antrainiertes Verhalten und greifen auf unsere primären Wahrnehmungsmuster zurück.

> „Wenn wir jemandem etwas beibringen wollen, bieten wir
> ihm die Information am besten multisensorisch an.
> Über den VAK-Ansatz (Visuell-Auditiv-Kinästhetisch) können
> wir den allergrößten Teil unserer Schüler erreichen:
> Das multisensorische Angebot erlaubt es jedem Schüler,
> die Information über „seinen" Eingangskanal aufzunehmen.
> Darüber hinaus unterstützt das Lehren über alle Sinne (V-A-K)
> auch das Behalten, denn die Erinnerung bleibt deutlich lebendiger,
> wenn die Information auf mehreren Kanälen gespeichert ist."
>
> MICHAEL GRINDER

Visuelle Lerntypen – Menschen, die die Welt vor allem mit den Augen wahrnehmen

Im Allgemeinen haben visuelle Lerntypen folgende Eigenschaften:

- richten ihre Aufmerksamkeit nach innen
- können sich somit gut konzentrieren
- freuen sich, wenn sie Pläne machen können
- lieben es, Korrektur zu lesen
- mögen Rechtschreibung
- sind immer bereit zu lernen
- können „pauken"
- haben einen bestimmten Platz für alles
- gehen systematisch vor
- sind zuverlässig und berechenbar
- machen sich viele Sorgen, haben viele Bedenken
- haben Schwierigkeiten mit rein verbalen Anweisungen
- sind verlässlich, verantwortungsvoll, höflich, motiviert
- suchen den Blickkontakt
- möchten lieber zuschauen als mitmachen
- möchten gleich beim ersten Mal alles richtig machen, sind perfektionistisch
- wünschen beim Erstkontakt möglichst wenig körperliche Berührung (höchstens Händeschütteln bei ausgestreckter Hand)

Unter Stress können sie insbesondere folgende Merkmale zeigen:

- senken den Kopf, richten die Augen nach oben und blinzeln (so können sie sich besser ihre inneren Bilder machen)
- wollen „Inhalt, Inhalt, Inhalt" und keinen „Small Talk"
- fragen, warum etwas gemacht wird
- halten oft Abstand und sind zurückhaltend

Zum Umgang mit visuellen Typen

- Zeigen Sie alles oder geben Sie Beispiele. Nach einem Beispiel fühlen sich Visuelle sicherer und zeigen dann oft die Bereitschaft, mitzumachen oder den Anweisungen zu folgen.

- Begründen Sie, warum etwas gemacht wird. Aber Vorsicht, sagen oder fragen Sie nicht zu viel, sonst folgt möglicherweise eine langatmige Diskussion.
- Stellen Sie ein für den Visuellen angenehmes Klima her, in dem er nicht riskieren muss, sich bloßzustellen – holen Sie ihn zum Beispiel nicht unvorbereitet vor die Gruppe und stellen Sie ihm keine Fragen, auf die er keine Antworten weiß.
- Halten Sie eine Armlänge Abstand. Visuelle brauchen diesen Abstand, um sich ihre inneren Bilder machen zu können.
- Unterstreichen oder visualisieren Sie den Lernstoff mit Gesten, Zeichnungen oder schriftlichen Stichworten.
- Wenn Sie möchten, dass der Visuelle einen Gegenstand anschaut, dürfen Sie ihn nicht mit Blickkontakt ablenken. Schauen Sie den in Augenhöhe gehaltenen Gegenstand an und zeigen Sie dabei Ihr Profil. So kann er sich auf den Gegenstand konzentrieren.
- Sprechen Sie schnell, aber mit langsamen Bewegungen, und halten Sie den Kopf ruhig.

Lernhilfen für Visuelle

Hilfreich für die visuellen Lernenden ist es, in einer ruhigen, geordneten Umgebung lernen zu können und wenn sie

- ein klares Ziel des Lernens haben,
- sich im Text Informationen unterstreichen,
- den Lerninhalt mit Bildern, Gesten, Gegenständen oder Symbolen, Tabellen und Grafiken oder Ähnlichem verbinden können,
- Videos zum Lernstoff anschauen können,
- sich Notizen machen und sie mit Bildern oder Skizzen verbinden können (zum Beispiel Mindmaps) und wenn sie
- lernen, den Lernstoff mit Bewegungen zu verknüpfen (kinästhetisch) und anderen etwas über das Gelernte zu berichten (auditiv).

Auditive Lerntypen – Menschen, die die Welt vor allem über das Ohr wahrnehmen

Im Allgemeinen haben auditive Lerntypen folgende Eigenschaften:

- sprechen gern laut, also verschaffen sich gern Gehör
- sind „ganz Ohr"
- speichern Information nacheinander, das heißt Neues wird in der Reihenfolge des Auftretens gespeichert
- beantworten zum Beispiel die Frage „Wie geht es dir?" mit einem fünfminütigen Vortrag
- haben Informationen auf einer inneren „Kassette" gespeichert, die sie beim Reproduzieren „abspulen"
- unterbrechen andere und sprechen auch gleichzeitig mit anderen
- sind sehr gesellig
- lieben Klassen- oder Plenumsdiskussionen
- lieben Sprichwörter und Redewendungen
- schätzen es, wenn sie viel Aufmerksamkeit und Geduld bekommen
- sind sehr kommunikationsfreudig und kennen kein „Fremdeln"
- sind gern mit anderen Auditiven zusammen
- sprechen in rhythmischen Mustern
- halten sich gern in der Nähe von anderen Menschen auf
- möchten immer das letzte Wort haben
- werden durch Geräusche leicht abgelenkt
- neigen dazu, die Lippen beim Denken zu bewegen, verarbeiten laut

Unter Stress können sie folgende Merkmale zeigen:

- haben Tendenz, laut zu denken
- machen gern rhythmische Bewegungen und wiederholen ihre Bewegungsmuster
- haben Tendenz, sich oft an den Mund zu fassen und den Kopf zur Seite zu neigen
- bewegen oft den Mund, wenn andere reden, sprechen also lautlos mit
- denken vorwiegend gradlinig in dieselbe Richtung, wobei sie aber große Gedankensprünge machen
- nehmen Information am besten durch Reden und Zuhören auf

Zum Umgang mit auditiven Typen

- Stellen Sie persönlichen Kontakt her – die Beziehungsebene bildet (wie auch bei Kinästheten) die Basis für die Motivation.
- Lassen Sie zu, dass Auditive ungestört und ohne unterbrochen zu werden über ein Problem sprechen. Oder treffen Sie mit ihnen Vereinbarungen wie zum Beispiel: „Denken wir bis zum Abend darüber nach und reden dann weiter."
- Nicken Sie beim Reden unauffällig mit dem Kopf und sprechen Sie rhythmisch.
- Halten Sie beim Sprechen einen Stift oder Ähnliches in der Hand und „dirigieren" Sie damit. So können Sie das Gespräch besser lenken.
- Unterstützen Sie, was Sie sagen, durch Gesten wie Kopfnicken oder das Aufzählen mit den Fingern (Erstens, Zweitens, Drittens ...).
- Nummerieren Sie zum Beispiel Regeln, Aufgaben und so weiter und präsentieren Sie sie schrittweise.
- Lassen Sie den Lernstoff von Auditiven in ihren eigenen Worten sagen, anstatt sie Vorformuliertes wiederholen zu lassen.
- Stellen Sie viele Fragen.
- Bringen Sie ihnen bei, sich innerlich Bilder zu machen.

Lernhilfen für auditiv Lernende

- Musik im Hintergrund beim Lernen (wird allerdings gelegentlich auch als Ablenkung empfunden)
- sich den Lernstoff auf Tonträger aufnehmen und immer wieder anhören
- nach dem Lernen einem Freund, Kollegen oder Mitteilnehmer das Gelernte erzählen oder es selbst jemandem beibringen
- das Gelernte in rhythmische Form bringen, zum Beispiel Gedichte, Schüttelreime, Raps oder Sprechchöre daraus machen
- Informationen nummerieren, den Lernstoff in Einzelschritte oder -sequenzen aufteilen und dann lernen
- die aufgenommene Information mit eigenen Worten wiedergeben
- sich eine Lernumgebung schaffen, in der es möglich ist, beim Lernen zu sprechen, das Gelernte laut aufzusagen oder zu wiederholen
- sich darin üben, das Gelernte zu visualisieren
- sich darin üben, den Lernstoff auch in beliebiger Reihenfolge zu memorieren

Kinästhethische Typen – Menschen, die die Welt vorwiegend durch Fühlen, Spüren, Tun, Bewegen, Riechen und Schmecken wahrnehmen

Im Allgemeinen haben kinästhetische Lerntypen folgende Eigenschaften:

- registrieren mehr durch das Tun und weniger durch Sehen und Zuhören
- halten sich gern in der Nähe von anderen Menschen auf
- brauchen das Gefühl, geliebt zu werden
- lassen ihre Sachen gern an den unterschiedlichsten Stellen liegen
- haben „chaotische" Ordnungssysteme
- planen nicht gern
- sind fantasievoll
- machen überraschende, unerwartete Bewegungen
- haben keine typischen, allgemein gültigen Lerngewohnheiten
- lernen durch „Körpergedächtnis" und Selbertun („learning by doing")
- suchen sich gern einen Platz, an dem sie sich wohl fühlen können
- verknüpfen das Gelernte mit dem Ort, an dem sie sich befinden
- fassen alles an und berühren Gegenstände gerne

Unter Stress können sie insbesondere folgende Merkmale zeigen:

- tendieren dazu, Blickkontakt zu meiden und nach rechts unten zu schauen
- haben starke körperliche und emotionale Reaktionen
- Drang nach Unterhaltung wird größer, es wird ihnen schnell „langweilig"
- neigen dazu, entweder zu fliehen oder zu kämpfen

Umgang mit kinästhetischen Typen

- Stellen Sie den persönlichen Kontakt nicht nur auf der intellektuellen Ebene her. Kinästheten wollen spüren, dass Sie sie gern haben.
- Respektieren Sie, wie bei den anderen Lerntypen auch, ihre Besonderheiten.

- Ähnlich wie bei Auditiven bildet die Beziehungsebene die Basis für alle Motivation.
- Sorgen Sie dafür, dass Vorträge oder Gespräche unterhaltsam sind.
- Setzen Sie Requisiten, Geschichten, Improvisationen, Assoziationen, Farben und Symbole ein.
- Bringen Sie Kinästheten das Visualisieren bei.
- Sprechen Sie langsam, mit Pausen und vielleicht sogar übertrieben großen Gesten. Kinästheten lieben auch das Bizarre und das Absurde.
- Warten Sie, bis der Kinästhet auf Sie zukommt und den Kontakt beziehungsweise Blickkontakt aufnimmt.
- Setzen oder stellen Sie sich neben den Kinästheten – dadurch wird der Blickkontakt nicht erzwungen.

Lernhilfen für kinästhetisch Lernende

- Einsatz von Requisiten, Geschichten, Rollenspielen, Improvisationen, Assoziationen, Farben, Symbolen, Zeichnen und Malen, Brettspielen und so weiter: Dem Lernen dienlich ist alles, was Spaß macht!
- für verschiedene Themen unterschiedliche Orte im Raum nutzen
- Verbindung des Lernstoffs mit Gesten und Bewegungen, die ruhig übertrieben sein dürfen
- Interaktion mit Freunden, gemeinsames Tun beim Lernen
- den Lernstoff mit Bewegung verknüpfen
- auf dem Fußboden sitzen und alle Materialien um sich her ausbreiten können, anstatt auf einem Stuhl und am Tisch sitzen zu müssen
- Übung darin, das Gelernte zu visualisieren

Übungsbeispiel: Wahrnehmungskanäle finden

Auch für die Lernenden selbst ist es interessant zu erfahren, über welchen Kanal sie vorwiegend wahrnehmen und Informationen speichern. Deshalb folgt hier noch eine kleine Übung, die Hinweise auf die Wahrnehmungsmodalitäten geben kann. Diese Übung können Sie auch zu Hause mit Ihrer Familie und Ihren Freunden machen! Die Teilnehmer arbeiten zu zweit zusammen und setzen sich einander gegenüber. Jeder von ihnen bekommt einen von zwei unterschiedlichen Fragebögen (siehe S. 177). Die beiden entscheiden, wer von ihnen nun als Erster auf die Entdeckungsreise zu den Sinnen gehen wird.

	Visuell Ich sehe	Auditiv Ich höre	Kinästhetisch Ich fühle	Ich rieche	Ich schmecke
Kaffee					
Meer					
Spielende Kinder					
Flieder					
Baum					
Flugzeug					
Blumenkohl					
Regen					
Tulpe					
Schmirgelpapier					
Brauerei					
Ferien					
Katze					
Seife					
Turnunterricht					
Wissenschaft					
Gewitter					
Seide					
Wasserfall					
Früher Morgen					

	Visuell Ich sehe	Auditiv Ich höre	Kinästhetisch Ich fühle	Ich rieche	Ich schmecke
Frisches Brot					
Kerze					
Sonnenuntergang					
Telefon					
Autobahn					
Mozart					
Tauben					
Sonntag					
Pferd					
Rose					
Dämmerung					
Wäscherei					
Schule					
Zahnpasta					
Theater					
Neujahr					
Spargel					
Strand					
Holzhacken					
Alufolie					

Sein Partner liest ihm dazu die Wörter auf seiner Liste einzeln vor. Der „Entdecker" nennt spontan, auf welchem inneren Wahrnehmungskanal als Erstes etwas auftaucht, ob er also zuerst innerlich ein Bild sieht, etwas hört oder etwas fühlt beziehungsweise spürt oder schmeckt. Sein Partner notiert dies in der entsprechenden Spalte. Danach werden die Rollen getauscht, und anschließend addieren die beiden Partner ihre Nennungen für jeden der Sinneskanäle. Welchen Schwerpunkt gibt es? Er ist ein Hinweis darauf, welcher Wahrnehmungskanal bevorzugt wird. (Idee von Helga Pfetsch)

Für den anschließenden Austausch im Plenum kennzeichnet der Lehrer oder Trainer drei verschiedene Stellen im Raum als „Visuell – ich sehe", „Auditiv – ich höre" und „Kinästhetisch – ich spüre, rieche, schmecke". Nun wird jeweils das erste Wort der Liste aufgerufen und die Teilnehmer gehen an „ihre" Stelle.

Etwa zehn Begriffe zeigen schon, wie unterschiedlich die Individuen in der Gruppe Informationen wahrnehmen und speichern. Werten Sie diese Vielfalt als Reichtum!

Weitere Hinweise auf die Lernstile: Signalwörter
Wir können beispielsweise auch durch die sogenannten Signalwörter Hinweise darauf bekommen, wie wir Informationen aufnehmen, speichern und wiedergeben. An den Wörtern, die Menschen beim Sprechen gebrauchen, erkennen wir, wie sie denken.

Menschen, die häufig Wendungen wie „Augenblick mal" und „Wie du siehst" verwenden, denken in Bildern. Wendungen wie „Das hört sich gut an" oder „Das ist Musik in meinen Ohren" deutet auf Denken in Klängen oder Geräuschen hin. Menschen, die Wendungen wie „Das kann ich nachempfinden", „Je nachdem wie ich mich fühle" oder „Ich komme langsam auf den Geschmack" verwenden, nehmen bevorzugt Informationen über Spüren, Bewegungen, Gefühle, Riechen und Schmecken auf.

Lesen Sie die folgende Liste, um weitere Beispiele für Signalwörter zu bekommen. Und dann beobachten Sie Gespräche von Freunden oder Interviews im Fernsehen und hören Sie dabei auf mögliche Hinweise auf die Lernstile der Sprechenden.

Visuell	Auditiv	Kinästhetisch
Ansicht	hören	ergreifen
blicken auf	klingen	fühlen
Blitz	mit anderen Worten	geschmeidig
Einblick	Resonanz	gespannt
erscheinen	rufen	handhaben
glänzend	Schrei	in Verbindung
klar	sprechen	kalt
offensichtlich	Sprichwort	rau
Perspektive	tönen	hart
vage	Tonfall	scharf
Vorstellung	verstärken	schneidend
zeigen	zuhören	warm
		weh
		bitter
		duftend
		frisch
		Geruch
		Geschmack
		salzig
		sauer
		schal
		stinkig
		süß

Vielleicht haben Sie auch Lust auf ein witziges Spiel zu zweit: Einer von Ihnen redet ein paar Minuten lang nur in einem Modus, der andere errät, welcher „Kanal" benutzt wurde. Wenn Sie gewechselt und das Spiel ein- oder zweimal wiederholt haben, können Sie sich darüber austauschen, mit welchem Kanal Sie sich am wohlsten fühlen. Diese Vorliebe kann ein Hinweis auf den von Ihnen bevorzugten Wahrnehmungskanal sein.

Literaturhinweise

Feichtenberger, Claudia: *Qualitätsverbesserung durch „lerntypenorientierte Suggestopädie"* (Diss.), Karl-Franzens-Universität, Graz 2007

Grinder, Michael: *Schule erster Klasse, Nonverbale Kommunikation im Unterricht,* Verlag SynErgeia, 2004

Grinder, Michael: *Absolute Spitzenklasse, Gruppendynamik in Schulklassen,* Verlag SynErgeia, 2005

Grinder, Michael: *Pentimento – Grundsteine der Nonverbalen Kommunikation,* Verlag SynErgeia, 2005

Hill, Barbara Alders; Bradway, Lauren: *Lernen wie von Selbst,* Deutsch von Gabriele Köhler, VAK Verlag, 1993

Loyd, Linda: *Des Lehrers Wundertüte,* Deutsch von Elsabeth Lippmann, VAK Verlag, 1995

Markova, Dawna: *Die Entdeckung des Möglichen,* Deutsch von Elisabeth Lippmann, VAK Verlag, 1993

Markova, Dawna: *Wie Kinder lernen,* Deutsch von Elisabeth Lippmann, VAK Verlag, 2002

Nitsche, Pearl: *Nonverbales Klassenzimmermanagement,* erhältlich bei www.pearls-of-learning.com, 2005

O'Connor, Joseph; Seymour, John: *Gelungene Kommunikation und persönliche Entfaltung,* Deutsch von Gabriele Dolke, VAK Verlag, 2004

Skill-Autorenteam: *Seminare lebendig gestalten,* GABAL Verlag, überarbeitete Ausgabe 2001

Bezugsquellen für Spielematerial

Für Bälle, Tücher, Musik und so weiter:

www.villabossanova.de
www.neuland-online.de

Register

Alphabetische Liste aller Spiele

Alle Spiele nach Kategorien sortiert

Über die Autorinnen

Kathleen Brandhofer-Bryan
ist seit mehr als 25 Jahren im In- und Ausland in der Aus- und Weiterbildung von Trainern und Lehrern auch in mittelständischen und Großunternehmen tätig. Sie ist NLP Master Practitioner und anerkannte Ausbildungstrainerin der DGSL (Deutsche Gesellschaft für Suggestopädisches Lehren und Lernen), der IAL (International Alliance for Learning) und des DVWO (Dachverband der Weiterbildungsorganisationen). Ihre Arbeitsschwerpunkte sind unter anderem Train the Trainer, Kommunikation, Präsentationstechniken, Körpersprache und Lernstile.1993 gründete Kathleen Brandhofer-Bryan das Institut für Trainingsmaßnahmen und Sprachen AOC – Art of Communication.
www.aoc-training.de

Helga Pfetsch
ist Gesellschafterin der SKILL GmbH und als Trainerin, Beraterin und Coach im In- und Ausland im Unternehmensbereich und in der Weiterbildung für Trainer und Lehrer tätig. Sie ist Ausbildungstrainerin für Suggestopädie (DGSL), Accelerated Learning (IAL) und den Dialog-Prozess nach David Bohm. Ihre Arbeitsschwerpunkte sind unter anderem Einzel- und Gruppencoaching, Train the Trainer und Kommunikative Skills. Sie ist Mitautorin des Buchs des SKILL-Autorenteams „Seminare lebendig gestalten" (GABAL Verlag).
www.skill-coaching.de